职业教育课程改革创新示范精品教材

汽车改装技术基础与应用

主　编　胡锡锑　杨松有
副主编　谢　明　刘健烽
参　编　张润强　宋传磊
　　　　宋　亮　龙文赞
主　审　朱如坤

大连海事大学出版社
DALIAN MARITIME UNIVERSITY PRESS

北京理工大学出版社
BEIJING INSTITUTE OF TECHNOLOGY PRESS

© 胡锡锑　杨松有　2024

图书在版编目（CIP）数据

汽车改装技术基础与应用 / 胡锡锑, 杨松有主编. 大连：大连海事大学出版社；北京：北京理工大学出版社，2024.12.
ISBN 978-7-5632-4655-7

Ⅰ.U472

中国国家版本馆 CIP 数据核字第 2025VM6530 号

北京理工大学出版社	出版发行
大连海事大学出版社	
地址：北京市丰台区四合庄路 6 号	邮编：100070
大连市黄浦路 523 号	116026
电话：010-68914026	0411-84729665

唐山富达印务有限公司印装

2024 年 12 月第 1 版	2024 年 12 月第 1 次印刷
幅面尺寸：210 mm×285 mm	印张：8
字数：164 千	印数：1~2000 册

责任编辑：陶月初	责任校对：张　华
封面设计：华夏启文	版式设计：刘益军
策划编辑：张云鹏	文稿编辑：封　雪

ISBN 978-7-5632-4655-7　　定价：32.00 元

前言

随着汽车文化的普及与发展，汽车不仅仅是一种交通工具，更成为车主彰显个性和表达多彩生活方式的载体。汽车改装逐渐成为许多车主的兴趣和爱好，车主们希望通过改装来提升汽车的外观和性能。《汽车改装技术基础与应用》正是在这一背景下编写而成，旨在为相关专业的学生及广大汽车爱好者、汽车维修从业者提供一套系统的改装技术和应用指南。

本书的设计思路是以实用为准则，全面落实"以学生为主体、以能力为本位、以行动为导向"的职业教育办学指导思想，让学生体验真实的工作过程，促进综合职业能力的发展。

本书内容丰富，结构严谨，从基础理论到实践操作，涵盖了改装的主要领域和技术要点。书中包括汽车外观改装、汽车内饰改装、汽车底盘改装、汽车动力系统改装和汽车电器改装五个模块，每个模块下设若干课题，每个课题设置了课题目标、理论知识、实训任务、评价与反馈、知识拓展、练一练、学习心得七个部分，构成了完整的知识闭环。学生不仅能够通过这一闭环结构系统地学习相关理论知识，还可以通过实训任务来应用所学知识，并可通过评价与反馈环节评估理解程度和技能水平，确保能够全面掌握课题内容。

本书主要特色如下：

1. 以学生为主体：从学生的认知规律出发，尊重学生的经验，鼓励其探究问题，强调学生在学习过程中的能动作用，使其主动掌握知识。

2. 以能力为本位：从解决工作中遇到的问题出发，选择典型工作任务作为学习任务，使学生在完成这些任务的过程中能够将理论知识与实践技能相结合，为未来的职业生涯奠定坚实的基础。

3. 以行动为导向：设置实践任务，让学生运用相关理论知识完成具体的工作项目，培养其职业行动能力，最终使其成为"有工作能力的人"。

4. 教、学、做一体：紧密结合生产实际，将工作过程中的知识点和技能点有效融合，转化为教学任务，注重培养操作规范化和职业化，实现"做中学、做中教"。

本书旨在为广大读者提供有价值的指导和参考，希望读者通过系统的学习与持续的实践，能够独立完成各类汽车改装任务，提升自身的专业能力和职业素养。

多位业内专家共同参与了本书的编写：广州市交通运输职业学校胡锡锑、广州改啊汽车科技有限公司杨松有担任主编，广州市交通运输职业学校谢明、刘健烽担任副主编，张润强、宋传磊、宋亮、龙文赞参与编写。全书由黄山麦凯拉汽车零部件有限公司朱如坤主审。观芳汽车刘观芳、第壹社何毅翔、赛驱陈浩澄、燃典郑育茂等企业专家对本书的编写给予了大力支持，还有很多汽车改装专家提供了很多有意义的建议，就不一一列举了，在此一并表示衷心的感谢。

由于编者水平有限，书中难免存在疏漏和不足之处，敬请广大读者批评指正。可以将您的意见反馈至邮箱 huxiti146@163.com。

编　者

2024 年 9 月

目录

绪论　汽车改装概述 ……………………………………………………………………… 1

模块一　汽车外观改装 …………………………………………………………………… 5

　　课题1　汽车车身空气扰流组件改装 …………………………………………………… 5
　　课题2　汽车贴膜 ……………………………………………………………………… 13
　　课题3　汽车行李架、侧踏板加装 …………………………………………………… 20

模块二　汽车内饰改装 …………………………………………………………………… 27

模块三　汽车底盘改装 …………………………………………………………………… 34

　　课题1　汽车底盘强化件加装 ………………………………………………………… 34
　　课题2　汽车避震改装 ………………………………………………………………… 43
　　课题3　汽车制动系统改装 …………………………………………………………… 50
　　课题4　汽车轮毂改装 ………………………………………………………………… 58

模块四　汽车动力系统改装·············65
课题1　汽车进气系统改装·············65
课题2　汽车排气系统改装·············72
课题3　汽车点火系统改装·············82
课题4　汽车行车电子控制单元改装·············90

模块五　汽车电器改装·············96
课题1　汽车车灯改装·············96
课题2　汽车氛围灯改装·············108
课题3　汽车电动尾门加装·············114

参考文献·············122

绪论

汽车改装概述

随着中国汽车工业的发展，汽车保有量逐渐增加。年轻消费群体的崛起为汽车市场带来了新的活力和需求。这一群体更加注重时尚，对汽车性能和个性化有更高的要求。然而，当前我国的汽车改装市场仍处于初级阶段，面临法律法规不完善、行业缺乏统一标准、技术服务参差不齐等问题，这些问题制约了行业的发展。为解决这些问题，产业迫切需要制定和完善相关标准。

一、汽车改装的概念

汽车改装就是对汽车进行外观和内饰、机械的硬件和软件等的改造或升级。汽车改装来源于赛车运动，汽车制造商为了提升汽车的安全性、操控性等，通过参加各种路况的赛事，来校验汽车的性能，并确定后续车型发展的方向，汽车改装的本质是对汽车性能不断探索与改进。

汽车改装包括：汽车外观改装、内饰改装、避震系统改装、制动系统改装、发动机系统改装、功能升级等。

二、汽车改装的作用

汽车主机厂所推出的车型，通常是经过市场调研和消费者需求分析后设计和开发的。这些车型的调教和设定通常是相对保守的，以满足大众消费者对驾驶性能、舒适性和安全性的需求，以及适应不同地区的气候和油品等使用环境。

然而，有些车主对这些标准设置并不满足，他们可能追求更高的性能、更独特的外观、更出色的影音娱乐系统等，因此他们可能会对汽车进行一些改造或升级，以让汽车更符合他们的期望和需求。

改装汽车需要考虑到不同的因素，包括安全、性能、成本和法律法规等问题，选择合适的改装方案、安全合规的配件和有资质的施工单位来进行改造或升级是实现汽车改装的关键要素。在某些情况下，可能还需要获得相关的许可证和证书。

尽管改装汽车可能会增强汽车的性能，增加汽车独特性，但改装也会带来一些潜在的风险和问题，所以改装从业者需要进行专业的培训和资质认证才能从事此项工作。

三、我国汽车改装业的现状

随着中国汽车市场的不断壮大，汽车改装市场也水涨船高。2019年9月1日公安部发布的新版《机动车查验工作规程》（GA 801—2019）正式实施，对乘用车改装领域的限制进一步放宽。华南地区自1997年后本土改装势力迅速发展。之后以广东为代表的华南区域，以四川、重庆为主的西南区域，以及长三角地区，汽车改装产业都急速发展起来。

产业的发展，需要相关法律法规的引导，需要国家标准的引领。我国交管部门，从前期的严厉管制的方式开始进行谨慎积极的探索，汽车改装法律法规有了不同程度的完善。以公安部2019年的新版《机动车查验工作规程》（GA 801—2019）为例，在新版规程中放宽对于车辆改装的要求，首次明确了加装车顶行李架和出入口踏步件、换装散热器面罩或保险杠、更换轮毂等在规定条件下属于合法改装，而且可以在汽车登记注册时就进行改装。同时规定了车身颜色可改变。改装政策的出台促进了我国汽车改装市场的发展，也出现了官方改装车型，如坦克300赛博朋克版、UNI-T/V运动版、名爵运动版等。

近年来汽车后市场不断壮大，汽车改装类目占比逐年上升，对比欧、美、日市场，我们的汽车改装消费占比非常小，汽车改装产业有希望培育成为一个大产业。

汽车改装作为对汽车的一种个性化需求，在90后和00后追求个性化的时代，还会有长足的发展。产业的发展也将为汽车后市场带来新的力量，有效缓解汽车后市场的内卷，有潜力发展成为一个万亿级的产业，为我国新经济赋能。

知识拓展

美国最大规模的汽车改装展 SEMA Show

美国作为"车轮上的国度"，其汽车改装行业高度发达，其中规模最大、影响最深远的就数 SEMA Show（美国拉斯维加斯改装车零配件展览会）。

随着赛车运动的发展，1963年美国本土几个小型的汽车生产商，联合赛车零部件配套商成立了一个信息交流的协会，该协会命名为"Speed Equipment Manufacturers Association"，意为高速机器厂商联盟。刚开始该协会主要的工作是希望给产品制定相对统一的标准,增加产品的供销渠道。之后他们举办一些小型的发烧友展览。通过他们的不断努力,汽车改装在美国的影响力不断增大,改装行业也从灰色地带走出来,在美国取得了合法地位。现如今的 SEMA Show 不再局限于服务北美,而是在全球改装行业拥有强大的影响力,成为世界首屈一指的专业改装车贸易盛会,汇集了业内最先进的技术和最热销的产品。

SEMA Show 从 20 世纪 60 年代的只拥有 100 个左右的摊位发展到成为一个汽车改装行业嘉年华,有汽车试驾、赛车漂移、庆典晚会、车队展示活动等。如今的 SEMA Show 已成为汽车行业一股不容忽视的力量。

练一练

一、填空题

1. 汽车改装就是对汽车进行_____和_____、机械的硬件和软件等的改造或升级。
2. 在汽车改装发展初期,人们为了让汽车更_____,开始了对汽车各部件的改造。
3. 汽车主机厂所推出的车型,通常会综合市场上大部分人的需求,适应不同地区_____等使用环境,同时兼顾成本效益而作出相对保守的调教和设定。
4. 改装汽车需要考虑到不同的因素,包括安全、_____、_____和法律法规等问题。
5. 一些改装可能会导致_____、制动系统失效、安全气囊失灵等问题。

二、选择题

1. 对于入门改装,建议选择生产资质强、市场口碑好的(　　),同时选择经验丰富的施工店家。
   A. 改装整车　　　　B. 改装部件　　　　C. 改装成品
2. 汽车是一套上万个零部件协同配合运作的精密系统,每一项改动都会使汽车整体使用状态(　　)。
   A. 变强　　　　　　B. 增加强度　　　　C. 改变
3. 汽车主机厂所推出的车型为什么会作出相对保守的调教和设定?(　　)
   A. 因为汽车主机厂对技术有限制
   B. 因为汽车主机厂追求个性化设计
   C. 因为汽车主机厂需要考虑大众消费者需求、地区使用环境和成本因素
4. 改装汽车可能会带来哪些潜在的风险和问题?(　　)
   A. 可能会导致发动机过热、制动系统失效、安全气囊失灵等问题

B. 不会带来任何潜在风险和问题

C. 只会增强汽车的性能和增加汽车独特性

5. 在考虑改装汽车之前，车主应该做哪些事情？（　　）

A. 选择合适的改装方案，并找到经验丰富的改装师傅来进行操作

B. 认真考虑其实际需求和预算，并寻求专业意见

C. 直接进行改装，不需要进行任何准备

三、判断题

1. 汽车改装都是不合法规的灰色地带。　　　　　　　　　　　　　　　　（　　）
2. 汽车改装只要买一些性能强度高的配件就好了，不需要做什么设计。　（　　）
3. 在进行汽车改装工作的过程中，一样要注意劳动安全和劳保用品的穿戴。（　　）

学习心得

模块一

汽车外观改装

> **模块描述**
>
> 随着中国汽车行业的高速发展，汽车改装市场也出现了强劲的增长势头。对于追求个性时尚的年青一代来说，汽车外表的美观就变得尤为重要。外观的改装是提升汽车颜值的重要改装方式，汽车外观改装主要集中在汽车车身空气扰流组件改装，汽车贴膜，汽车行李架、侧踏板加装这几个方面。
>
> 通过对本模块汽车车身空气扰流组件改装，汽车贴膜，汽车行李架、侧踏板加装的基本知识的学习和正确规范地进行操作练习，学生能够胜任以上课题的实践操作。

课题1 汽车车身空气扰流组件改装

课题目标

知识目标

1. 能说出汽车车身空气扰流组件定义以及优缺点；
2. 能说出市场上常见的汽车车身空气扰流组件的材料和性能；

3. 能叙述汽车车身空气扰流组件的基本结构和功能。

技能目标

1. 能合理地进行汽车车身空气扰流组件的选择；
2. 会正确地进行汽车车身空气扰流组件的安装；
3. 会对汽车车身空气扰流组件安装后的尺寸、位置进行检查并且进行安全确认。

素养目标

1. 通过积极主动参与各项工作课题和小组的5S工作，达到领悟社会主义核心价值观中"爱岗敬业"的内涵；
2. 通过分组教学，组内协作、组间互助，模拟企业工作状态，培养职业责任感、沟通能力和团队协作能力，提升质量意识和以人为本的服务素养；
3. 通过对安全、健康、环保等理念的学习和贯彻，培养基本的职业素养和精益求精的工匠精神。

理论知识

一、汽车车身空气扰流组件的基本定义

汽车车身空气扰流组件由前保险杠、后保险杠、侧裙、翼子板、尾翼等组成。前后保险杠改装组件有全包式和半包式空气扰流组件两种形式：全包式空气扰流组件是将原有保险杠拆除，然后装上改装保险杠，或将空气扰流组件安装在原保险杠表面；半包式空气扰流组件是在原保险杠的下部附加空气扰流组件，这样可以不拆除保险杠。侧裙分为替换款和附加款。

二、汽车车身空气扰流组件的优缺点

1. 汽车车身空气扰流组件的优点

（1）前保险杠下方的导流板主要是让气流从车身正面下方的底盘快速通过，减少空气阻力并增加汽车的下压力，使车身可以被牢固地吸附在路面上；而后保险杠两侧的通风口设计可增加车辆的行驶稳定性。

（2）在汽车高速行驶时，气流通过扰流尾翼后，会因速度的不同造成不同数值的下压力，这样自然就会让轮胎对地面的附着力增大。

（3）左右两侧的侧裙空气扰流组件主要避免车身两侧产生乱流。

（4）翼子板空气扰流组件将气流引到前后轮的制动系统以达到降温的目的。

（5）改装汽车车身空气扰流组件，会改变汽车空气动力学特性，合理的改装方案会提升汽车的行驶效率。

（6）汽车车身空气扰流组件可以使车身外观的曲线更柔顺，棱角更分明，造型更优美，给人以整体和谐的愉悦感受，展现出汽车的独特个性。

2. 汽车车身空气扰流组件的缺点

目前市场上汽车车身空气扰流组件大多为美观而设计，如果设计不良反而会造成车身有更大乱流，影响空气动力效率，使车速降低并且增加油耗。汽车车身空气扰流组件有可能限制其通过性，尤其是在面对低矮障碍或狭窄通道时。

三、合理选择汽车车身空气扰流组件

国内流行的汽车车身空气扰流组件材料主要有：玻璃纤维材料、ABS塑料材料、PU材料、碳纤维复合材料等，下面就各种材料做一下简单介绍。

1. 玻璃纤维材料

采用玻璃纤维材料的产品价格较便宜，但韧性极差。成件安装、打孔麻烦，它的耐腐蚀性能好，对大气、水和一般浓度的酸、碱、盐及多种油类和溶剂都有较好的抵抗能力，还有热性能良好，热导率低，在室温下为 1.25~1.67 kJ/（m·h·K），只有金属的 1/1 000~1/100，是优良的绝热材料。在瞬时超高温时，是理想的热防护和耐烧蚀材料。由于这种材料制作的时候收缩性较大，所以制造出的部件表面会很容易起波浪，经过一段时间的日晒后甚至可能出现裂缝。

2. ABS塑料材料

ABS（Acrylonitrile Butadiene Styrene）叫丙烯腈-丁二烯-苯乙烯共聚物，是一种常见的热塑性聚合物。采用ABS塑料制成的产品因为是以真空吸塑成型，厚度较薄，所以此类产品通常不作为保险杠款的材料，一般用于唇款材料。

3. PU材料

PU是Polyurethane的缩写，中文名为聚氨基甲酸酯，简称聚氨酯。它是在低温下注塑成型，只需要简单修改配方，便可获得不同的密度、弹性、刚性等物理性能，所以具有极高的柔韧性与强度。同时与车身的密合度极佳，生命周期也较长。

4. 碳纤维复合材料

碳纤维是一种含碳量在90%以上的纤维材料，主要元素就是碳。与树脂等基质混合后可制成碳纤维复合材料。其由于具有重量轻、强度和刚度高、可塑性强等优点，所以得到广泛的应用。目前，从航空航天到工业制造，碳纤维复合材料都发挥着重要的作用。当然，碳纤维复合材料也是有缺点的。碳纤维的制作成本高，导致碳纤维复合材料的成本随之上升，这是让很多人望而却步的主要原因。另外，碳纤维复合材料的脆性大，损坏后无法修补，只能更换，而且回收也比较困难。

汽车半包式空气扰流组件采用的材料为 PU 材料，其收缩性小，韧性好，其表面经过处理后光滑美观，且它的制作和安装都相对简单，整体看来和汽车的吻合度高。

图 1-1-1 所示为十代雅阁汽车半包式空气扰流组件前保险杠，采用进口原材料树脂生产，具有耐老化、抗冲击力强、吻合度高、安装容易等特点。

图 1-1-1　十代雅阁汽车半包式空气扰流组件前保险杠

四、汽车车身空气扰流组件的设计原则

1. 整体性原则

要将车前后左右各空气扰流组件当作一个整体来设计，拿全包式和半包式空气扰流组件进行比较：全包式空气扰流组件会拆卸原厂的保险杠，但其设计时可以把车身空气扰流组件按照一个整体进行设计；半包式空气扰流组件不破坏原车车身的完整性，安装简易，有更多的选择空间。

2. 标准性原则

选择符合国家有关规定的空气扰流组件，不得违规私自改装汽车。

实训任务

一、实训资源准备

教学实车、教学视频、手电钻、螺丝刀、锤子、活动扳手、钳子、擦拭布等。

二、实训步骤

1. 汽车车身空气扰流组件前唇安装

将汽车车身空气扰流组件的前唇安装部位背面凹槽位置涂上助粘剂，并按照槽形贴上 3M 胶条。

在车身上相应位置试放，观察两者的贴合程度，并于安装位置涂抹助粘剂。

撕开一部分 3M 胶条，对好位置安装，确定位置没有问题后，一边撕 3M 胶条一边按压安装

粘贴胶条

粘贴汽车空气扰流包角饰条后，卸下包角螺丝，先安装好两边包角后，再安装中段，于连接处凹槽位置拧上螺丝，安装卡扣

安装卡扣

2. 汽车车身空气扰流组件侧裙安装

卸下原车螺丝，于安装部位涂抹助粘剂。

撕开一部分 3M 胶条，对好位置安装，确定位置没有问题后，一边撕 3M 胶条一边按压安装

确定位置，安装 3M 胶条

找到原厂预定的螺丝安装孔，安装回原车螺丝，尾部固定两颗螺丝，确认紧固

安装螺丝

3. 汽车车身空气扰流组件后唇安装

松开后唇左右两边螺丝，拆开固定卡扣，拆开原车饰板，螺丝支架移装到后扰流，对比扰流组件卡扣与原车卡扣，确保正确对齐后进行安装，再将螺丝重新固定回原位	拆卸固定卡扣，找到原车卡扣位置
在相应安装位置试放并涂抹助粘剂。撕开一部分3M胶条，对好位置安装，确定位置没有问题后，一边撕3M胶条一边按压安装，然后固定螺丝	后唇安装

4. 质量检测

安装完成后，检查各个部件是否安装到位，螺丝是否锁紧，胶条粘贴是否牢固	质量检查

评价与反馈

汽车车身空气扰流组件改装课题评价表见表1-1-1。

表1-1-1 汽车车身空气扰流组件改装课题评价表

序号	内容及要求		评分	评分标准	自评	组评	师评	得分
1	专业知识理解和应用部分	能说出原厂外观件的位置	5	每错一处扣1分，扣完为止				
		能准确说出各个工具的使用方法	5					
		能使用专用工具并对工具进行保养	5					
		能准确说出不同外观件的区别	5					

续表

序号	内容及要求		评分	评分标准	自评	组评	师评	得分
2	操作内容和要求	拆卸原厂外观件	18	每错一处扣1分，扣完为止				
		准备改装空气扰流组件并且组装	18					
		改装空气扰流组件的安装	18					
		改装空气扰流组件的校正	18					
3	安全文明生产	安装过程劳保用品的使用	4					
		安装后的检查	4					
指导教师总体评价								

指导教师_____
_____年___月___日

知识拓展

常用汽车空气扰流组件与半包式空气扰流组件的安装方法对比

常用的汽车空气扰流组件安装方法与典型的半包式空气扰流组件安装在安装步骤上大同小异，所不同的是，前者是按照整体性的原则一次性将饰件安装在车身之上，而后者是将半包式空气扰流组件分装在车上并逐一固定。相比之下，前者在美观方面应该胜于后者，但由于是整体安装，它的牢固程度可能不如后者。将整件拆分并按照小部件安装可以使饰件更牢固地装在车身上，以防在车子行进过程中发生整体脱落。所以出于安全考虑，后者更加实用。另外车主应该注意：按照正规的安装方法，部件大都是用螺钉固定在车身上的，但某些小的修理厂为安装方便，对某些部件只采用粘贴方法，所以加装时应该加以注意，以防汽车在高速行车时发生部件脱落事件造成事故。

练一练

一、填空题

1. 改装汽车车身空气扰流组件以后，会改变汽车_____特性。
2. 汽车车身空气扰流组件由前保险杠、后保险杠、_____、_____、尾翼等组成。
3. 汽车改装的主要目的是提升_____。
4. 前后保险杠改装组件有_____和半包式空气扰流组件两种形式。
5. 车身_____主要起到提升汽车美观度的作用。

二、选择题

1. 玻璃纤维材料的哪项性能优秀？（　　）
A. 韧性　　　　　　　B. 耐腐蚀性能　　　　C. 热导率高　　　　D. 可塑性

2. 汽车车身空气扰流组件由哪些部分组成？（　　）
A. 前保险杠、后保险杠、侧裙、翼子板、尾翼
B. 前保险杠、后保险杠、侧裙、翼子板
C. 前保险杠、后保险杠、侧裙、尾翼
D. 后保险杠、侧裙、翼子板、尾翼

3. 汽车改装最初的目的是什么？（　　）
A. 增大车身周围气流的影响　　　　　B. 提高汽车性能
C. 提高车速　　　　　　　　　　　　D. 提高汽车颜值

4. 汽车车身半包式空气扰流组件的优点是什么？（　　）
A. 更加美观　　　B. 更加安全　　　C. 更加便于改装　　　D. 更加节约成本

5. 汽车车身空气扰流组件主要起到什么作用？（　　）
A. 降低汽车风阻　　　　　　　　　　B. 提高汽车速度
C. 提高汽车通过能力　　　　　　　　D. 降低汽车重心

三、判断题

1. 玻璃纤维材料的热性能较差，热导率高。　　　　　　　　　　　　　　（　　）
2. ABS塑料材料的汽车车身包围主要起到美观和个性化的作用。　　　　　（　　）
3. 前后保险杠改装有全包式和半包式空气扰流组件两种形式。　　　　　　（　　）

四、做一做

各个小组将自己小组改装完的图片相互交换，每组做一份评价意见书。

学习心得

课题 2　汽车贴膜

课题目标

知识目标

1. 能说出汽车车身改色膜的种类；
2. 能说出原厂漆面的作用；
3. 能准确说出需要用哪些贴膜工具。

技能目标

1. 能正确准备贴膜材料和工具；
2. 能正确裁剪车身改色膜；
3. 能正确进行改色膜的张贴。

素养目标

1. 通过小组合作、组内外讨论等形式，培养团队意识以及与他人有效沟通的能力；
2. 通过对质量的自检、他检，培养自主判断力及诚实守信的精神；
3. 通过对安全、健康、环保等理念的学习和贯彻，培养基本的职业素养和精益求精的工匠精神。

理论知识

车身改色膜是指色系丰富、颜色多样的薄膜，以整体覆盖粘贴的方式来改变车身整体或局部的颜色。车身改色膜主要是把高分子聚合材料贴合于车身表面，易揭除。

车身改色膜可在不伤原车漆的前提下改变车身颜色。与全车喷漆相比，张贴改色膜施工简单，且不会产生色差。如果想恢复原车漆，只需将改色膜清除即可。

1. 美工刀

（1）如何避免美工刀伤及车漆？

美工刀尖端处避免顶到车体表面，加工过程都尽量以刀侧平行车体加工。

（2）如何使用美工刀移除多余直线材料？

将美工刀依靠在车体边缘顺着凹处做惯性切割，边缘部分至少预留 5 mm 余量。

（3）如何确认何种时机使用何种美工刀？

美工刀依照使用需求可分为45°美工刀及30°美工刀。30°美工刀刀尖由于较尖细，便于弯曲处加工。加工过程需时常确认刀片是否锋利，如果发现变钝、卷刃或有缺口，就需立即更换新刀片。

（4）如何正确用美工刀裁取膜料以减少材料损耗？

根据本身贴膜部位裁取改色膜，注意余料的合理利用和搭配。裁膜时需要保持改色膜边缘呈平滑线条，避免加工过程因拉撑过大而导致改色膜从缺口处破裂，破坏改色膜完整度，导致重新裁膜。

2. 长柄刮及5寸[①]方刮

长柄刮及5寸方刮适用于喷壶喷水的改色膜、玻璃材质改色膜、卡典西德的广告材料及无导气槽的喷绘膜等。

3. 改色膜双面刮

改色膜双面刮用于贴膜时大面积的使用，基本上在做各式贴膜施工时都用双面刮。

4. 小铲刀

小铲刀用于细缝凹槽部位。

5. 加长贴纸刮

加长贴纸刮可用于汽车玻璃、门窗玻璃、广告灯箱等。

6. 定温烤枪

定温烤枪用来对改色膜进行加热，一边加热一边用塑料刮刀挤压物体上的气泡和水，使改色膜变形，直至与物体的曲面完全吻合。需要特别留意的是，加热要均匀，不要过分集中，否则温度太高有可能造成改色膜破损。

（1）平面使用定温烤枪。避免太过靠近改色膜，保持一定距离及加温时间，将改色膜加热至一定柔软度。

（2）曲面使用定温烤枪。拉伸改色膜使其符合曲面，并保持一定距离及加温时间，将褶皱处吹平，方便用刮板刮平。

（3）大幅度曲面使用定温烤枪。做大面积加热处理，使整块改色膜均匀受热，便于拉伸施工。

使用定温烤枪加热边缘以防翘边。最后贴膜时将定温烤枪调至300 ℃，将改色膜表面加温至130 ℃，加温时间2~3 s，并以手指固定加压，同动作可重复两次，并检查翘曲的情况，直到加温时不会翘边即可。

---

① 1寸≈3.3 cm。

模块一　汽车外观改装

实训任务

一、实训资源准备

教学实车、教学视频、汽车举升机、施工手套、高压水枪、定温烤枪、刮压板、活动扳手、53件套筒套装、液压卧式千斤顶、钳子、擦拭布等。

二、实训步骤

1. 初步清洁

将车身、轮毂、内衬、全车边缘缝隙用高压水枪冲洗干净，用毛巾擦干后，将汽车停入施工车位

初步清洁

2. 汽车贴膜

从车顶开始，从上到下逐步清洗。

深度清洁车身漆面，可以适量用一些去除剂、洗车泥。

边角等不便清洗部位，用刮压板、酒精辅助清洁，无油渍点。洗到油漆表面平整无凸起物，无脏东西

深度清洁

两人协助，测量贴膜处的最长和最宽处，在测量的标准数据上，长和宽需各预留10~15 cm的余量供施工时放手拉膜和收边使用

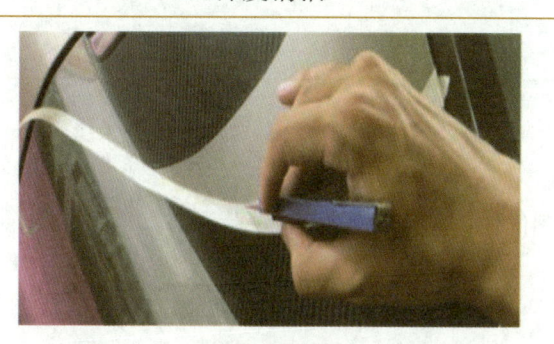

裁剪改色膜

15

撕开膜边角，用刮压板刮至角度较大的位置时，用定温烤枪烤软改色膜，然后将其拉直进行贴膜	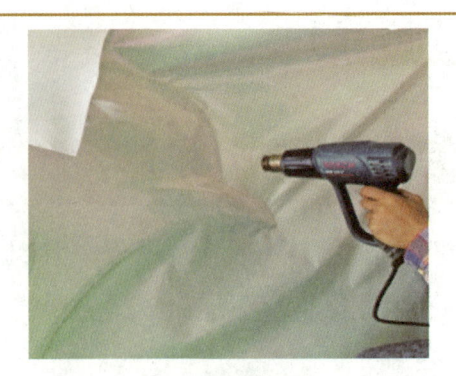 烤膜
继续用刮压板刮出前翼子板的纹路	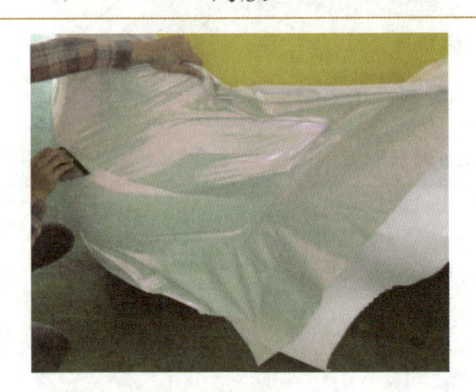 刮膜
角度大的地方同样用定温烤枪吹软改色膜，拉直改色膜再用刮压板刮平	 大面积刮膜
用热风枪将全车边角、凹凸、拉伸部位加热到80 ℃，配合使用手指及刮压板，以保证改色膜与车身漆面紧密贴合	 收边加固
用刮压板压紧边缘	 压紧边缘

3. 安装质检

再次检查膜面有无异常状况，安装是否到位。
启动发动机，检查仪表是否显示故障，检查灯光、雷达等部位的开关能否正常工作等。

质量检查

评价与反馈

汽车贴膜课题评价表见表1-2-1。

表1-2-1 汽车贴膜课题评价表

序号	内容及要求		评分	评分标准	自评	组评	师评	得分
1	专业知识理解和应用部分	能说出原厂漆面的作用	5	每错一处扣1分，扣完为止				
		能准确说出贴膜工具的使用方法	5					
		能使用贴膜的专用工具	5					
		能准确说出贴膜对汽车的影响	5					
2	操作内容和要求	汽车深度清洁	18					
		准备贴膜材料和工具	18					
		分步骤进行贴膜工作	18					
		贴膜的质量检查	18					
3	安全文明生产	安装过程劳保用品的使用	4					
		安装后的检查	4					
指导教师总体评价								

指导教师_____
_____年____月____日

知识拓展

改色膜的选择和贴膜前的准备工作

一、改色膜的选择

首先，要考虑改色膜的材质。优质的改色膜通常采用 PVC（聚氯乙烯，英文全称 Polyvinyl Chloride）或 TPU（热塑性聚氨酯，英文全称 Thermoplastic Urethane）材质。PVC 材质性价比高，颜色多样；TPU 材质则具有更好的延展性和自修复能力。

其次，关注改色膜的颜色稳定性。好的改色膜在长时间使用后不易褪色、不易变色。比如，经过严格的紫外线测试和耐候性测试的膜材。

最后，查看胶水质量。劣质胶水可能导致贴膜后残留胶痕，难以清理，而优质胶水黏性适中，既能牢固粘贴，又便于日后撕除。

二、贴膜前的准备工作

在进行贴膜施工前，以人工方式对车身进行全面的表面检查是必不可少的。仔细查看是否存在污渍、落漆、凹陷、凸起物等缺陷。因为这些缺陷极有可能对贴膜效果产生影响。比如，改色膜表面若有灰尘、污渍，会导致膜贴合不紧密；落漆处可能影响膜的附着力；凹陷和凸起物会使膜无法平整贴合。

如果发现会影响贴膜的缺陷，且通过基本清洁无法处理时，一定要向车主说明贴膜后的可能结果，并询问其是否介意。若车主介意，应建议其先对车体表面进行清洁，对漆面进行补平等处理，之后再进行贴膜操作，以确保最终的贴膜效果达到最佳。

练一练

一、填空题

1. 车身改色膜可以通过_____方式改变全车或局部的颜色。
2. 如果想恢复原车漆，只需将改色膜_____即可。
3. 美工刀尖端处应该避免顶到车体表面，加工过程都尽量以刀侧_____加工。
4. 确认贴膜处的加工面积，再加工所需加工预留边，依此面积_____。
5. 定温烤枪可以用来对改色膜进行_____。

二、选择题

1. 车身改色膜主要通过什么材料附于车身表面？（　　）
   A. 金属材料　　　　　　　　　　B. 高分子聚合材料
   C. 陶瓷材料　　　　　　　　　　D. 纤维素材料
2. 何种刮刀多用于玻璃材质贴膜？（　　）
   A. 长柄刮及 5 寸方刮　　　　　　B. 改色膜双面刮

C. 小铲刀　　　　　　　　　　　　D. 加长贴纸刮

3. 使用定温烤枪加热改色膜边缘的目的是什么？（　　）

A. 熔化改色膜表面　　　　　　　　B. 将改色膜表面加温至130 ℃

C. 使整块改色膜均匀受热　　　　　D. 防止改色膜翘边

4. 哪种美工刀适合于弯曲处加工？（　　）

A. 45°美工刀　　　　　　　　　　B. 30°美工刀

C. 60°美工刀　　　　　　　　　　D. 90°美工刀

5. 加工改色膜边缘时需要注意什么？（　　）

A. 避免加工过程拉伸过大　　　　　B. 加工面积越小越好

C. 不需要留预留边　　　　　　　　D. 可随意拉伸

三、判断题

1. 与全车喷漆相比，汽车改色贴膜施工较为复杂。（　　）
2. 加热要均匀，否则温度太高有可能造成改色膜破损。（　　）
3. 吹风机可以用于对改色膜进行加热。（　　）

四、做一做

各个小组将自己小组改装完的图片相互交换，每组做一份评价意见书。

学习心得

课题3 汽车行李架、侧踏板加装

课题目标

知识目标
1. 了解行李架和侧踏板的定义；
2. 能准确说出各个工具的使用方法；
3. 熟知行李架和侧踏板的功能和作用。

技能目标
1. 能熟练使用专用工具并对工具进行保养；
2. 能进行行李架和侧踏板的安装；
3. 能进行安装后的质量检查。

素养目标
1. 养成精益求精的工作态度，提升关注顾客需求的服务意识；
2. 培养团队合作精神与创新意识，养成追求卓越的职业素养；
3. 培养职业责任感、沟通能力和团队协作能力，提升质量意识和以人为本的服务素养。

理论知识

一、汽车行李架

汽车行李架除了起到装饰、美观的作用外，还可以储存物品，比如体积大的行李、自行车、折叠床等，其承载不能超过设计承重。汽车行李架最常用于自驾旅游，配合车顶箱、车顶框搭载旅游行李，也可以携带其他运动器材，如滑雪板、自行车、帆船等。

二、汽车侧踏板

汽车侧踏板有电动和非电动两种，电动侧踏板可以在车门关闭后自动收起，开门的时候会自动展开，方便乘客上下车。

模块一　汽车外观改装

实训任务

一、实训资源准备

教学实车、教学视频、汽车举升机、照明工具、施工手套、套筒扳手、热风枪、美工刀、美纹纸、十字螺丝刀（有部分车型的行李架为螺丝固定结构，非粘贴式）、助粘剂。

二、实训步骤

1. 汽车准备

检查汽车状态并且进行清洁作业	 汽车准备

2. 行李架、侧踏板加装

把行李架放置在车顶原装位置，摆放位置正确后，需要在行李架前后端安装的准确位置外围用美纹纸定位并标上标记	 标记
检查左右行李架的原装位置是否对称，检查后把行李架取下，在车顶的安装位置局部涂上助粘剂。 撕开行李架前后端固定支架上的双面胶，用热风枪加热双面胶。 小心缓慢地把行李架放在车顶原装位置，并把行李架对准之前标记好的安装位置	 安装行李架

21

检查安装位置有没有对准,两边的行李架是否对称。 用手压住行李架两头,固定好双面胶粘贴的部位	 粘贴固定
安装侧踏板。将汽车开上升降台,将其升起。松开车身两侧前后轮拱与侧裙之间的连接螺丝	 松开螺母
松开两侧侧裙位于底部的固定卡扣	 松开两侧侧裙位于底部的固定卡扣
拆卸侧裙安装支架,如不需要替换支架可忽略此步	 拆卸侧裙安装支架
安装新支架,如不需要替换支架可忽略此步	 安装新支架

模块一　汽车外观改装

安装固定侧踏板，卡扣对位	 卡扣对位
对好螺栓安装孔，安装固定侧踏板固定螺栓	 安装固定侧踏板固定螺栓
使用合适的工具紧固侧踏板固定螺栓	 固定螺栓

3. 安装质检

检查侧踏板是否安装牢固。 检查侧踏板安装位置是否左右对称。 　反复开关所有车门，检查侧踏板与车门之间是否有摩擦	 质量检查

评价与反馈

汽车行李架、侧踏板加装课题评价表见表1-3-1。

表1-3-1 汽车行李架、侧踏板加装课题评价表

序号	内容及要求		评分	评分标准	自评	组评	师评	得分
1	专业知识理解和应用部分	能说出行李架、侧踏板的作用	5	每错一处扣1分，扣完为止				
		能准确说出各个工具的使用方法	5					
		能使用专用工具并对工具进行保养	5					
		能准确说出如何选择合适的配件	5					
2	操作内容和要求	拆卸原车附件	18					
		准备行李架、侧踏板并且组装	18					
		行李架、侧踏板的安装	18					
		行李架、侧踏板的校正	18					
3	安全文明生产	安装过程劳保用品的使用	4					
		安装后的检查	4					
指导教师总体评价								

指导教师_____
_____年____月____日

知识拓展

合理选择行李架和侧踏板

一、合理选择行李架

行李架有不同的材质、不同的形状。有的汽车在出厂时就会带有简单的行李架。行李架根据不同的大小和特点，分为双层、单层、豪华等。行李架一般不建议选择过高的款式，尤其是对于SUV，车身本身高度就较高，再加上行李架，一般不能超过2.3 m。

二、合理选择侧踏板

首先我们会想到侧踏板使用的材料。侧踏板边缘若采用不锈钢，则较耐用，而且不容易生锈，也延长了使用的寿命。除了材质以外，影响侧踏板使用寿命的另外一个因素就是

做工。好的侧踏板的做工应精细，边缘上的黑色胶与侧踏板上的铝合金材质应能牢固地结合在一起。建议选购经过哑光磨砂和抗氧化喷砂处理之后的侧踏板，其不仅有着优质的做工，而且在长时间使用之后不会因氧化而出现发红的状况，可确保侧踏板的美观。部分产品的侧踏板带有橡胶颗粒，具有防滑作用；部分侧踏板采用立体条形防滑条设计。建议挑选那些防滑条均匀分布于侧踏板上的产品，可以增强其防滑效果。

练一练

一、填空题

1. 汽车行李架除了起到装饰、美观的作用外，还可以储存物品，比如体积大的_____、自行车、折叠床等。

2. 行李架根据不同的大小、特点会分为_____、_____、_____等类型。

3. 侧踏板可以起到保护车体、美化车体的作用，同时方便上下车，但年审时需要_____。

4. 在安装行李架前，需要在行李架前后端安装的准确位置外围用美纹纸定位标上_____。

5. 行李架安装需要使用_____。

二、选择题

1. 汽车行李架可以起到哪些作用？（　　）

   A. 装饰、美观　　　　　　　　　　　B. 放置后备箱放不下的物品

   C. 增大车内空间　　　　　　　　　　D. 以上全是

2. 汽车侧脚踏的作用和功能是什么？（　　）

   A. 降低车身离地的高度

   B. 方便上下车

   C. 年审时可以将侧踏板收起来，拔掉保险丝

   D. 增大车内空间

3. 行李架设计承重是多少？（　　）

   A. 10~20 kg　　　B. 20~30 kg　　　C. 30~50 kg　　　D. 50~70 kg

4. 如何安装行李架？（　　）

   A. 涂上助粘剂，小心缓慢地放在车顶原装位置

   B. 用十字螺丝刀拆卸车顶原有支架，再装上行李架

   C. 直接把行李架放在车顶上，不需要其他步骤

   D. 以上全不是

5. 如何安装侧踏板？（ ）

A. 松开车身两侧前后轮拱与侧裙之间的连接螺丝，拆卸侧裙安装支架

B. 直接将侧脚踏安装在车身上，不需要其他步骤

C. 将侧踏板固定在车底，不需要拆卸任何部件

D. 以上全不是

三、判断题

1. 行李架的设计承重是 40~50 kg。（ ）

2. 汽车行李架除了能装载行李，还可以装载电视机、电冰箱等大件物品。（ ）

四、做一做

各个小组将自己小组改装完的图片相互交换，每组做一份评价意见书。

学习心得

模块二

汽车内饰改装

模块描述

汽车内饰改装作为一项个性化的汽车定制服务，通过对汽车乘坐区域、顶棚、控制区域的改装，旨在提升驾乘者的舒适感、个性化体验和行车乐趣。座椅、顶棚、控制区域涉及的项目包括座椅舒适度的提升、顶棚氛围的调整、控制区域的操作便捷性和车门内部触感的优化这些项目。这一定制服务注重个性化和美观性，同时关注整体驾驶体验，使车主能够根据个人喜好打造独特的驾驶环境，提高驾驶的舒适性和愉悦感。

通过对本模块汽车乘坐区域改装、汽车顶棚区域改装、汽车控制区域改装的基本知识的学习和正确规范地进行操作练习，学生能够胜任以上课题的实践操作。

理论知识

一、汽车乘坐区域改装

1. 汽车乘坐区域改装方式

汽车乘坐区域改装常见的方式有以下几种：汽车真皮座椅加装、汽车布艺座椅加装、座椅塑料件改色、电动座椅加装、加装座椅按摩等。

其中，汽车真皮座椅加装、汽车布艺座椅加装是较常见的项目，操作相对简单，是大部分车主常选的改装项目。在此基础上，为了进一步保护座椅并增加车内的美观度，包座套成了车主们考虑的另一项重要改装。包座套有三种常见形式：全包围座套，分成3节，头枕一节、靠背一节、座位一节，对汽车座椅进行全覆盖的包裹，能够实现全方位的遮蔽和覆盖；

半包围座套，包裹的位置变少，主要覆盖了座椅的关键部位，包括头枕、靠背的中间部位和座位，这种设计可以避免覆盖汽车安全气囊的位置，确保在紧急情况下气囊能够顺利展开，保障人员安全；无形座套是最新的座套产品，之前的全包围座套和半包围座套使用的材质基本相同，而无形座套利用微分子复合涂层来保护汽车真皮座椅，是无形的、隐形的新型座套，不会占用汽车空间，不会影响汽车安全气囊的弹出。表2-1-1为汽车座椅常用不同皮革对比。

表 2-1-1　汽车座椅常用不同皮革对比

	真皮	人造皮革		
		PVC 皮	PU 皮	超纤皮
概念	真皮是使用动物的皮加工而成的，汽车行业普遍使用牛皮	聚氯乙烯（PVC）人造革	聚氨酯（PU）人造革	高性能PU（聚氨酯树脂）和超细纤维基布贴合而成
手感	爽滑、柔软、丰满、有弹性	较硬	相对PCV皮较软	手感和真皮比较相似，低端超纤皮表层可能会有塑料感
外观	有较清晰的毛孔、花纹：黄牛皮有较匀称的细毛孔，牦牛皮有较粗而稀疏的毛孔，山羊皮有鱼鳞状的毛孔	无毛孔，人造纹理	无毛孔，人造纹理	非常接近真皮，没有毛孔，而且纹路更加规律整齐
气味	凡是真皮都有皮革的气味	燃烧后有化学味道，且味道较重	较PVC皮味道淡	味道轻一些
吸水性	吸水性好	不吸水	不吸水	防水性较差，易腐蚀
修复性	可修复	不可修复	不可修复	不可修复
价格	最贵，190~260元/m²	较低，20~55元/m²	高于PVC皮，80~90元/m²	低于真皮，高于PU皮，100~120元/m²

2. 座椅保养

日常保养除了要避免尖锐物体刮伤皮革外，还要注意防尘、防晒、防高温。

对于真皮座椅的保养，要做到以下几点：

（1）汽车皮椅尽量要距热源0.6 m以上，如离热源太近会导致皮革干裂。

（2）太阳光直射会使皮革变硬、龟裂、褪色，故座椅不要长时间在阳光下暴晒，避免皮革褪色，尤其是敞篷跑车。

（3）定期清洁，及时去除灰尘。

（4）不要使用吹风机对真皮座椅进行干燥处理，对于水渍应用棉纸或柔软毛巾擦干，也可以在阴凉通风处自然风干。

（5）切忌用化学清洗剂清洗，化学清洗剂会令真皮变得暗淡无光。

（6）顽固污渍应选用强碱性的清洗剂，如肥皂水。

（7）避免尖锐物对真皮座椅的损伤。

二、汽车顶棚区域改装

汽车顶棚区域是汽车整车内饰的重要组成部分，它的主要作用是提高车内的装饰性，同时顶棚内饰还可提高车内的隔热、绝热效果，降低车内噪声，提高驾驶的舒适性和安全性。由于阳光直射车顶，因此对顶棚材料的耐热性要求比较高。

汽车顶棚按其材料分为硬质和软质顶棚。硬质顶棚一般是用玻璃钢压制再喷涂上色而成，隔热和防噪声能力相对较差，但是强度、刚性较高；软质顶棚一般由基材和表皮构成，基材一般要求轻量化、高刚度、易成型等，大部分使用的是热塑性聚氨酯发泡材料。

汽车隔声顶棚的加装应用比较广泛，主要采取上下吸声层和中间减震层的设计，大大减少了噪声的污染，保证了驾乘者的舒适性。

顶棚固定方式：顶棚采用支架、胶、卡扣等固定在车身非结构件上。安装附件会使用大量胶，胶会散发一定的气味。因此在选择胶的型号时，既要考虑粘接变形，也应考虑整车气味性的要求。装配好的顶棚总成通过卡扣或魔术贴与车身相连接。

三、汽车控制区域改装

中控仪表板（图2-1-1）是汽车内饰中结构最为复杂、零部件数量最多的总成零件。作为汽车的控制中心和装饰焦点，中控仪表板集技术和艺术于一身，它的外观质量和风格差异决定了客户对整车内饰的评价。

中控仪表板总成作为汽车座舱系统的重要组成部分，一般而言，由以下几部分组成：仪表板本体、各种电器仪表、开关、音响娱乐系统及其附件、通风系统、前排乘客侧安全气囊、杂物箱、装饰面板、金属加强梁以及各种各样的电子线束等。

图2-1-1 中控仪表板

实训任务

一、实训资源准备

教学实车、教学视频、剪切套装工具、手电钻、螺丝刀、锤子、塑料撬棒、热风枪、胶水、擦拭布等。

二、实训步骤

1. 汽车星空顶安装前处理

在开始安装之前，清洁车顶以确保其干净和平整	 清洁车顶
将车顶原配顶棚拆除下来	 拆卸车顶原配顶棚

2. 汽车星空顶的安装

根据星空顶套件的大小和形状，确定最佳的安装位置。 使用铅笔或其他可清除的标记物在车顶上标记出安装位置	 定位和标记
按照安装说明书的指导，安装支架或固定装置	 安装支架
按照布置好的孔位安装光纤线并进行整理，施涂胶水	 安装光纤线

根据说明书提供的电源接线方式进行接线。确保接线正确、稳固并符合安全要求

安装电源线束

3. 质量检测

安装完成后，需要进行质量检查和通电测试。插上电源，测试图案是否符合预先设计的要求

质量检查

评价与反馈

汽车星空顶加装课题评价表见表 2-1-2。

表 2-1-2　汽车星空顶加装课题评价表

序号	内容及要求		评分	评分标准	自评	组评	师评	得分
1	专业知识理解和应用部分	能说出汽车顶棚的种类	5	每错一处扣1分，扣完为止				
		能准确说出汽车顶棚的作用	5					
		能使用专用工具并对工具进行保养	5					
		能准确说出光纤线的原理	5					
2	操作内容和要求	拆卸原车顶棚及附件	18					
		正确定位星空顶的安装附件	18					
		按照安装图案正确安装光纤线	18					
		光纤线电源及线束安装	18					
3	安全文明生产	安装过程劳保用品的使用	4					
		安装后的检查	4					
指导教师总体评价								
					指导教师_____　　_____年___月___日			

知识拓展

汽车星空顶的作用和优势

汽车星空顶是一种通过在车顶安装LED光源，形成夜空繁星效果的改装设计。这种改装通常在车内顶棚上创造出令人赏心悦目、浪漫梦幻的星空效果。以下是汽车星空顶的一些作用和优势。

1. 作用

（1）美观效果。星空顶为汽车内饰增添了独特的装饰效果，营造出浪漫、温馨的氛围，提升了车内空间的舒适感。

（2）个性化定制。星空顶是一种个性化定制的改装项目，车主可以根据自己的喜好和风格选择不同的星空效果，从而打造独一无二的车内氛围。

（3）夜间驾驶氛围。在夜间驾驶时，星空顶的光效不仅为驾驶者和乘客提供柔和的光线，还有助于缓解长时间驾驶带来的视觉疲劳，使驾驶过程更为愉悦。

2. 优势

（1）视觉体验。星空顶的光效能够提供一种迷人的星空视觉效果，为车内创造出独特的氛围，增加了汽车的视觉吸引力。

（2）增强车内氛围。对于一些特殊场合或者喜欢创造浪漫氛围的用户来说，星空顶可以提供一种别致的内饰效果，让车内空间更有层次感。

（3）易于安装。星空顶的改装通常相对简单，可以通过在车顶安装LED光源和光纤线路实现，适应性较强。

在选择是否安装汽车星空顶时，需要根据个人的偏好和实际使用需求进行权衡，并确保改装的安全性和合法性。

练一练

一、填空题

1. 汽车座椅保养，除了避免尖锐物体刮伤皮革外，还要注意防尘、防晒、防高温。要使汽车皮椅距热源_____以上，以避免皮革_____。

2. 汽车顶棚装潢时，为了避免噪声，设计缓冲块避免顶棚附件与非结构件直接接触是合理的做法，以消除噪声。这种缓冲块的设计可以在顶棚附件周围起到更好地与钣金_____。

3. 汽车顶棚装配时，固定方式采用支架、胶、卡扣等，其中胶的选择需要考虑粘接变形和牢固性，还应考虑整车_____的要求。

4. 在喷涂胶水时，要使用_____进行喷涂，并保证喷涂均匀，防止贴合后出现气泡和凸起。

二、选择题

1. 汽车座椅皮套的保养应注意以下哪一项？（　　）
   A. 长时间暴露在阳光下　　　　　　　B. 使用化学清洗剂清洗
   C. 距离热源过近　　　　　　　　　　D. 使用吹风机进行干燥处理

2. 汽车顶棚改装时，噪声控制的注意事项是什么？（　　）
   A. 使用大量胶水　　　　　　　　　　B. 设计缓冲块避免直接接触
   C. 选择较硬的顶棚材料　　　　　　　D. 在通风设施关闭的情况下进行操作

3. 汽车中控仪表板的主要组成部分包括以下哪一项？（　　）
   A. 发动机罩和车门　　　　　　　　　B. 车身骨架和底盘
   C. 仪表板本体、各种电器仪表、开关等　D. 汽车灯光系统和空调

4. 汽车顶棚改装的步骤中，涉及的第一步是什么？（　　）
   A. 安装附件　　　　　　　　　　　　B. 裁剪面料
   C. 拆解天花板上的装饰件　　　　　　D. 调试顶棚

5. 长时间的太阳光直射会导致皮革变硬、龟裂、褪色。特别是对于敞篷跑车，更要注意不要长时间暴露在阳光下。这是为了避免皮革（　　）。
   A. 变色　　　　　B. 发热　　　　　C. 变软　　　　　D. 变厚

三、判断题

1. 在对汽车座椅进行保养时，使用吹风机对真皮座椅进行干燥处理是一种有效的方法。（　　）

2. 汽车顶棚改装时，为了防止噪声，设计缓冲块避免顶棚附件与非结构件直接接触是合理的做法。（　　）

3. 在汽车顶棚装潢的过程中，裁剪面料时需要检查面料是否有瑕疵，按照面料的伸展方向裁剪，确保面料不会发生变形。（　　）

四、做一做

各小组将自己小组的作品图片相互交换，每组做一份评价意见书。

学习心得

模块三

汽车底盘改装

模块描述

汽车作为现代工业标志性的产物之一，用途不再局限于道路运输。随着生活质量的提升，人们对汽车行驶体验的要求也越来越高。一辆车的行驶质感很大程度上取决于底盘的设计与用料。避震系统作为汽车底盘的支撑部件，更是直接决定着汽车行驶质感。所以，对汽车底盘系统进行改装，能够体验到不同的驾驶感受。

通过对本模块汽车底盘强化件加装、汽车避震改装、汽车制动系统改装、汽车轮毂改装的基本知识的学习和正确规范地进行操作练习，学生能够胜任以上课题的实践操作。

课题 1　汽车底盘强化件加装

课题目标

知识目标

1. 能说出汽车底盘强化件的意义；
2. 能说出市场上常见汽车底盘强化件加装所涉及的部件；

模块三　汽车底盘改装

3. 能叙述汽车进行底盘强化后的优缺点。

技能目标

1. 能合理地进行汽车底盘强化件的选择；
2. 会正确地进行汽车底盘强化件的安装；
3. 会对汽车底盘强化件安装后的尺寸、位置进行检查并且进行安全确认。

素养目标

1. 通过对汽车底盘强化件知识的学习，学会收集国内外的车身强化知识，培养信息获取能力；
2. 通过教师示范，组内协作、组间互助的实操流程，培养职业责任感、沟通能力和团队协作能力；
3. 通过对质量就是生命等质量意识的强化学习和贯彻，培养质量意识。

理论知识

一、加装汽车底盘强化件的重要性

在日常行驶中，汽车在转弯时可能会出现反应迟缓和侧倾明显的情况。随着使用时间的增加，车身结构可能会出现变形。所以，可以采取车身强化措施，从而加强车身刚性，让汽车操控性更强。

目前，由于成本、舒适性等问题，我们常见的汽车并没有加装相关的强化件。一些家用车通常不太在意操控性和运动性，更注重整车行驶过程的舒适性，这样会导致汽车的刚性大大减弱。在刚性弱的情况下，转弯会给车身带来一定的倾斜和扭曲，影响轮胎和地面的接触面，造成汽车转弯性能和操控性能下降，加剧轮胎的磨损和车身变形等情况，如图 3-1-1 所示。

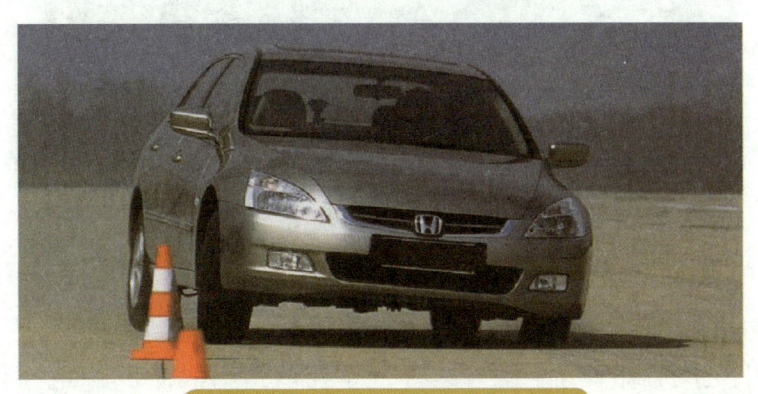

图 3-1-1　汽车轻微变形

根据上面所述，我们应该从加强车身刚性方面来改善汽车存在的缺点。

35

二、汽车底盘强化件介绍

1. 加强型防倾杆（图3-1-2）

图3-1-2 加强型防倾杆

位置：设计安装于汽车悬架系统的下端。

功能：当左右两轮行经相同的路面凸起或凹陷时，防倾杆并不会产生作用。但是如果左右轮分别通过不同路面凸起或凹陷时，也就是左右两轮的水平高度不同时，杆身会产生扭转，而防倾杆能产生防倾阻力，抑制车身倾斜。也就是说当左右两边的悬架上下同步动作时，防倾杆就不会产生作用；只有在左右两边悬架因为路面起伏或转向过弯不同步动作时，防倾杆才会产生作用。因此，更换适当的防倾杆不但可以减少侧倾，而且不会牺牲应有的舒适性和循迹性。

2. 前轮避震塔塔顶平衡拉杆（图3-1-3）

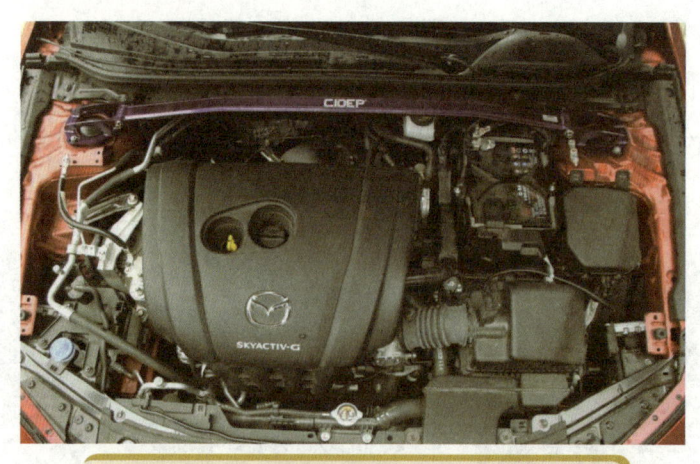

图3-1-3 前轮避震塔塔顶平衡拉杆

位置：设计安装于前轮避震塔塔顶。

功能：主要作用在于提高车身刚性，改善汽车在弯道行驶中的稳定性和平衡性。它连接两个避震塔塔顶，使两边的力保持一致，能使汽车在高速行驶中急转弯或避让时保持车身稳定，不至于侧倾乃至翻车，大大提高了行车安全性。此外，平衡拉杆还有抑制车身变形的功能。

3. 车架（井字架）底盘增强平衡拉杆（图3-1-4）

图 3-1-4　车架（井字架）底盘增强平衡拉杆

位置：设计安装于后下左右摇臂的连接位置。

功能：主要作用是拉紧左右摇臂，加强左右摇臂与后桥的连接强度，增强汽车过弯的稳定性。

4. 纵杆（图3-1-5）

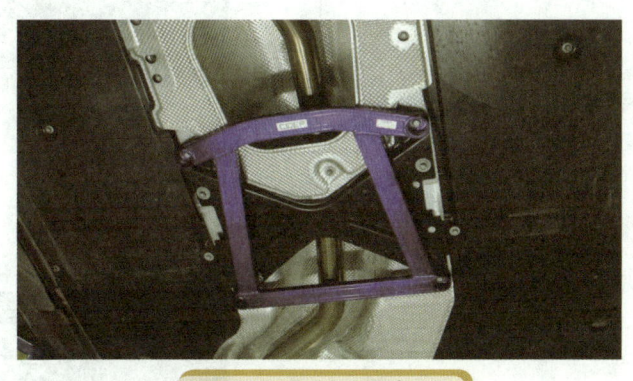

图 3-1-5　纵杆

位置：设计安装于前下左右摇臂的连接位置。

功能：主要作用是拉紧左右摇臂，加强左右摇臂与前桥的连接强度，增强汽车过弯的稳定性。

5. 前底横梁平衡拉杆（图3-1-6）

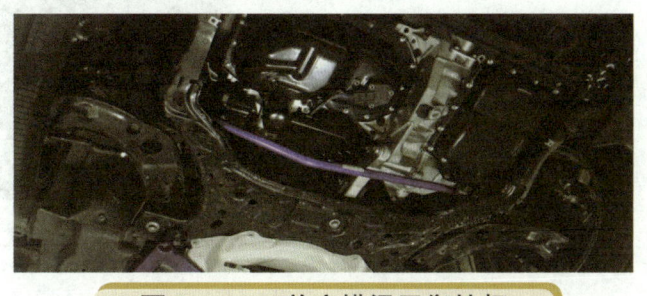

图 3-1-6　前底横梁平衡拉杆

位置：设计安装于发动机前侧前桥与车架底盘前方的连接位置。

功能：主要作用是增强前底横梁（前桥）与底盘的连接强度，增强汽车过弯的稳定性。

实训任务

一、实训资源准备

教学实车、教学视频、汽车举升机、照明工具、施工手套、套筒扳手、工具车、擦拭布等。

二、实训步骤

1. 汽车准备

准备加装强化件的汽车，检查汽车状态并且进行清洁作业	 汽车准备

2. 不同汽车底盘强化件的加装

拆卸前车架主螺丝和方向机螺丝，半卸车架，预留出适当的空隙	 拆卸前车架主螺丝
拆卸防倾杆连接杆连接处螺母和螺丝。拆卸下防倾杆，替换安装防倾杆，检查安装后防倾杆是否有异响异样等情况	 拆卸防倾杆连接杆

安装加强型防倾杆中的前下底拉杆，注意对好位置并且做标记	 安装加强型防倾杆中的前下底拉杆
换装前下底架和安装加强型防倾杆中的中下底架	 安装加强型防倾杆中的中下底架
拆卸汽车车架后部部件和后防倾杆，并替换成加强型防倾杆中的后防倾杆	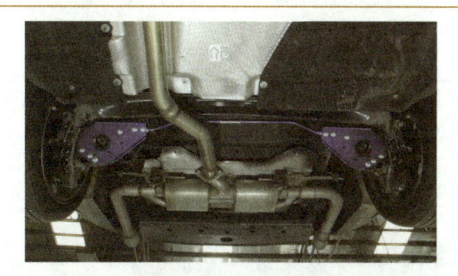 安装加强型防倾杆中的后防倾杆
检查改装后的防倾杆和前下底拉杆等是否有异响、异样等情况	 检查前下底拉杆
放下汽车，打开发动机盖	 打开发动机盖
拆卸前轮避震塔螺母，安装前轮避震塔塔顶平衡拉杆脚座，安装杆身并上紧交接处螺丝，上紧脚座螺母	 拆卸前轮避震塔螺母

汽车改装技术基础与应用

安装后顶平衡拉杆，装在扭力梁后悬挂车型避震弹簧托盘上，加强后扭力梁的抗扭度，增强后桥支撑力，提高行驶稳定性和反应速度

安装后顶平衡拉杆

3. 安装质检

对汽车底盘强化件加装后进行质量检查，主要检查安装间隙和部件的功能

质量检查

评价与反馈

汽车底盘强化件加装课题评价表见表 3-1-1。

表 3-1-1　汽车底盘强化件加装课题评价表

序号	内容及要求		评分	评分标准	自评	组评	师评	得分
1	专业知识理解和应用部分	能说出原厂车身可强化的位置	5	每错一处扣1分，扣完为止				
		能准确说出各个工具的使用方法	5					
		能使用专用工具并对工具进行保养	5					
		能准确说出不同加强件的区别	5					

续表

序号	内容及要求		评分	评分标准	自评	组评	师评	得分
2	操作内容和要求	拆卸原厂加强件	18	每错一处扣1分，扣完为止				
		准备改装加强件并且组装	18					
		加强件的安装	18					
		加强件的校正	18					
3	安全文明生产	安装过程劳保用品的使用	4					
		安装后的检查	4					
指导教师总体评价								

指导教师_____
_____年____月____日

知识拓展

车身强度的改装

车身强度的改装，在一般情况下对一般汽车改装爱好者而言，是最容易被忽略的。更多的人只在乎性能和动力的改装，还有很多的人很想将造型进行改装，但真正的造型改装是为汽车性能服务的。

无论是悬架的改装还是动力的改装，都会对车身产生极大的影响。悬架的改装会使整体悬架变硬，这样力度被悬架系统吸收得较少，车身会承担更多的力度，这无疑会加速车身的金属疲劳；动力的改装同样会对车身产生影响，因为动力提升后，在起步的过程中和高速过弯的时候，都会在微观层面使汽车产生扭曲，虽然都是微观之处，但日积月累对车身强度的影响会越来越大。

练一练

一、填空题

1. 汽车的行驶质感很大程度上取决于底盘的设计与用料，_____作为汽车底盘的支撑部件，能够直接影响对汽车行驶质感的体验。

2. 本模块的学习目标包括汽车底盘强化件加装、汽车避震改装、_____改装和_____改装的基本知识学习和正确规范地进行操作练习。

3. 底盘强化的意义在于使车身结构更加稳定，提供较强的_____，使操控汽车时，车身具有反应快、转向精准等优点。

4. 底盘强化改装涉及的部件包括_____。

5. 对车身某些部位进行_____，能够使汽车保持良好的状态。

二、选择题

1. 汽车底盘的支撑部件是什么？（　　）

A. 制动系统　　　　B. 发动机系统　　　　C. 避震系统　　　　D. 空调系统

2. 以下哪项不属于本模块的学习目标？（　　）

A. 底盘强化　　　　B. 制动系统改装　　　　C. 车门喷漆　　　　D. 避震改装

3. 以下哪项不是底盘强化的意义？（　　）

A. 提供较强的结构稳定性

B. 使操控汽车时，车身具备反应快、转向精准等优点

C. 使驾乘人员感到更加舒适

D. 避免因车身强度低而造成的变形问题

4. 底盘强化改装涉及的部件是什么？（　　）

A. 制动系统　　　　B. 发动机系统　　　　C. 轮胎系统　　　　D. 底盘强化件

5. 对车身某些部位进行强化，能够达到以下哪个效果？（　　）

A. 使汽车更加舒适　　　　　　　　B. 使汽车操控更加灵敏

C. 使汽车加速更快　　　　　　　　D. 使汽车的外观更加美观

三、判断题

1. 汽车在出厂的时候就把车身刚性做到最强。（　　）

2. 底盘强化可以让驾乘人员感到更加舒适。（　　）

3. 日本地少人多，平均行驶速度不快，所以很多汽车车身会比较硬。（　　）

四、做一做

各个小组将自己小组改装完的图片相互交换，每组做一份评价意见书。

学习心得

课题 2　汽车避震改装

课题目标

知识目标

1. 能说出汽车避震改装的种类；
2. 能说出汽车避震改装的基本结构和功能；
3. 会对汽车避震改装的方案进行分析和分享。

技能目标

1. 能正确选择避震产品；
2. 会用规范的操作进行避震改装；
3. 会对避震改装后的尺寸、位置进行检查并且进行安全确认。

素养目标

1. 通过对汽车避震改装的学习，对比普通的避震来归纳避震改装的优缺点，培养归纳总结能力；
2. 通过分组教学，组内协作、组间互助，培养职业责任感、沟通能力和团队协作能力，提升质量意识和以人为本的服务素养；
3. 通过对改装后的质量进行自检和他检，培养质量意识，提升基本职业素养。

理论知识

汽车避震系统指的是车身连接车轮的部件，由避震弹簧与避震筒芯组合而成，能够吸收汽车在不平整路面行驶时由路面带来的冲击力。避震弹簧主要是负责车身重量的支撑，避免汽车底盘受到冲击。避震筒芯则负责限制避震弹簧的压缩与回弹，最大限度避免驾乘人员受到来自外界的干扰，提升乘坐舒适性。

1. 避震改装种类

市场上的车用避震主要分为三种，分别是运动避震、绞牙避震和空气悬挂避震。

（1）运动避震：在原厂避震系统的基础上，通过缩短避震器长度和行程提升避震器阻尼力及性能，配以短弹簧降低车身高度，能更有效地抑制汽车的震动，使汽车行驶更稳，增强汽车的操控性。

（2）绞牙避震：绞牙避震最开始应用于赛道运动，由于绞牙避震可以调节高度和阻尼，因此它适用于汽车参与各类不同的赛事运动。随着民用汽车对驾控要求的提升，品牌绞牙部件逐渐应用到民用汽车上。

（3）空气悬挂避震：空气悬挂避震也称气动避震，顾名思义就是通过空气缓冲起到车身避震的作用，通过安装在车内的压缩气罐给避震气囊充气从而支撑起车身重量。空气悬挂避震通过电子调节系统，随时调节车身高度，让汽车在不同的路况中都能够以最适宜的姿态行驶。

2. 如何合理选择避震改装

每种避震改装都有其自身的特点，所以对于避震改装的选择，可综合考虑多种因素。

运动避震是一种为了应对不同路况与提升驾控感受而生的综合产物，出厂便预调好的支撑力与阻尼，免去了后期调试的工序。同时，高度还原的原车避震规格，使汽车耐用度更高，更适合日常使用。

绞牙避震使用场景相对多元化，适合对车身高度有苛刻要求的车主在日常和赛道竞技中使用，但是对调校技师的要求较高，其工艺相对复杂，保养频率也高。

空气悬挂避震作为车身姿态与车身支撑双提升的避震部件，在大范围降低车身高度的同时也能最大限度保持汽车舒适性。但是由于空气悬挂避震的精密性与日常定期护理的需求，需要车主投入十分多的精力与时间去维护，产品价值与护理价格也相对较高。

实训任务

一、实训资源准备

教学实车、教学视频、汽车举升机、施工手套、活动扳手、套筒扳手、液压千斤顶、钳子、擦拭布等。

二、实训步骤

1. 举升汽车

| 避震改装首先要举升汽车，方便后续对轮毂和原车避震部件进行拆卸 | 举升汽车 |

2. 避震系统改装

使用拆装工具将原车轮毂拆卸下来，方便拆卸原车避震部件	 拆卸原车轮毂
先将与前轮避震器连接的部件拆除，避免拆卸避震器时对底盘连接部件造成拉扯	 拆卸前轮避震器连接的部件
取下原车避震塔塔顶螺丝	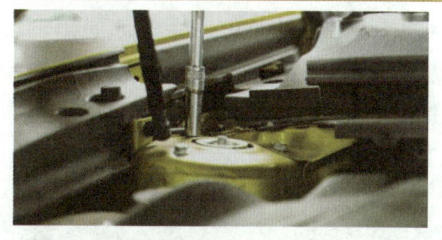 取下原车避震塔塔顶螺丝
拆卸避震器与摆臂连接的位置，确保避震总成与车身彻底分离后，即可将避震总成拆卸移除	 拆卸避震总成
准备改装避震总成	 改装避震总成的准备
把运动避震塔塔顶部位对应安装到车架上固定，安装对应的螺孔螺丝	 前轮塔顶部位安装

使用扭力扳手把塔顶螺丝固定好后（注意塔顶部位固定螺丝不能使用气动扳手上紧），把位于避震筒芯下方的底盘连接部件重新进行固定连接	 避震筒芯下方连接
把运动避震整体安装完成后，检查螺丝孔位固定到位，排除松脱，保证行驶过程中不会出现抖动与偏差	 检查螺丝孔位固定
后轮避震拆卸相对前轮避震更加简单，通过拆卸后轮避震筒芯的固定座和支撑杆螺丝和后摆臂与避震连接的螺丝，即可把原车避震弹簧与避震筒芯同步拆除	 后轮避震拆卸
后轮避震筒芯安装需要搭配原车的防尘套以及缓冲胶进行，这样可以预防避震筒芯在行驶过程中受到磕碰以及在极限压缩中起到保护作用	 后轮避震件组装
把避震套装替换固定完毕后，使用专用工位在汽车正常负重情况下对汽车底盘衬套连接位置进行复位与检查	 汽车底盘衬套连接位置的复位与检查
安装完成之后需要对避震总成各部位进行查验，确保固定效果和正确安装，进行路试质检，无误后进行四轮定位设置，完成后进行汽车交付	 四轮定位设置

3. **安装质检**

运动避震安装完毕后能够达到整体降低车身效果，提升避震总成对车身的支撑性

质量检查

评价与反馈

汽车避震改装课题评价表见表 3-2-1。

表 3-2-1 汽车避震改装课题评价表

序号	内容及要求		评分	评分标准	自评	组评	师评	得分
1	专业知识理解和应用部分	能说出原厂避震系统的位置作用	5	每错一处扣1分，扣完为止				
		能准确说出各个工具的使用方法	5					
		能使用拆装套筒扳手、避震系统拆装专用工具	5					
		能准确说出前后轮避震的结构差异	5					
2	操作内容和要求	拆卸原厂避震系统	18					
		准备改装避震系统并且组装	18					
		改装避震系统的安装	18					
		改装避震系统的扭力矫正	18					
3	安全文明生产	安装过程劳保用品的使用	4					
		安装后的检查	4					
指导教师总体评价								

指导教师_____
_____年____月____日

知识拓展

汽车短弹簧

汽车短弹簧是改装爱好者们非常熟悉的一个配件，许多改装车的初级玩家都会通过更换汽车短弹簧的方式来降低车身高度，以获得更好的视觉效果和更好的操控性能。然而汽车弹簧到底发挥着什么作用呢？我们对汽车弹簧改装的主要目的是改善操控性，也就是要改用较硬的弹簧或是较短的弹簧。弹簧控制了很多有关操控的因素，因此弹簧的改变会造成很复杂的操控特性改变。以硬度的增加来说，可提高悬挂的滚动抑制能力，减少过弯时车身的滚动。而车身高度的降低则可同时降低车身的重心，减少过弯时车身重量的转移，提高稳定性，也可兼顾美观的效果。

汽车短弹簧是比原厂设定的短一截的悬架弹簧。根据汽车本身的不同数据属性，汽车主机厂会做出不同长短、粗细和弹性系数的弹簧来匹配车型。正常情况下，原厂汽车悬架系统的弹簧，会选择使用渐进型弹簧，这种弹簧采用了粗细、疏密不一致的设计，优点是在受压不大时可以通过弹性系数较低的部分吸收路面的起伏力度，保证乘坐舒适感。当压力增大到一定程度后，较粗部分的弹簧起到支撑车身的作用。而这种弹簧的缺点是操控感受不直接反映路况，精确度较差。汽车短弹簧大多数采用的是线性弹簧，而且是更短的线性弹簧，它从上至下的粗细、疏密不变，弹性系数为固定值。这种设计的弹簧可以使汽车获得更加稳定和线性的动态反应，有利于驾驶者更好地控制汽车。

练一练

一、填空题

1. 汽车避震系统是由避震弹簧与避震筒芯组合而成，当汽车在不平整路面行驶时，它用来吸收路面带来的_____。

2. 运动避震通过调整支撑弹簧的_____值提升支撑力，调整避震筒芯的阻尼压力，提升汽车的操控性能。

3. 绞牙避震最初应用于赛道运动，适用于汽车参与各类不同的_____。

4. 空气悬挂避震也称气动避震，通过安装在车内的_____气罐给避震气囊充气从而支撑起车身重量。

5. 避震改装产品的选择应该根据不同的_____进行合理搭配，以达到最佳的性能提升效果。

二、选择题

1. 汽车避震系统的作用是什么？（　　）
   A. 提升驾驶舒适性　　B. 限制车身晃动　　C. 吸收路面冲击　　D. 支撑车身重量

2. 以下哪种避震产品适用于赛道运动？（　　）

A. 运动避震　　　　B. 绞牙避震　　　　C. 空气悬挂避震　　　　D. A 和 B

3. 空气悬挂避震的优势是什么？（　　）

A. 支撑车身重量，使汽车更加稳定　　B. 可以随时随地调整车身高度

C. 拥有更好的操控体验　　　　　　　D. 在赛道上发挥更好的性能

4. 针对不同的用车环境可以选择哪些避震产品进行改装？（　　）

A. 运动避震　　　　　　　　　　　　B. 绞牙避震

C. 空气悬挂避震　　　　　　　　　　D. A、B 和 C

5. 改装车载避震部件的主要目的是什么？（　　）

A. 提升驾驶安全性　　　　　　　　　B. 提高汽车舒适性

C. 改善汽车操控性能　　　　　　　　D. 增加汽车驾驶乐趣

三、判断题

1. 汽车避震系统的主要作用是避免汽车底盘受到冲击，提升乘坐舒适性，同时限制弹簧的压缩与回弹。（　　）

2. 空气悬挂避震通过安装在车内的压缩气罐给避震气囊充气从而支撑起车身重量，是无法调整车身高度的。（　　）

3. 市面上的车用避震主要分为运动避震、绞牙避震和空气悬挂避震三种，针对不同的用车环境可以选择对应的避震产品进行改装。（　　）

四、做一做

各个小组将自己小组改装完的图片相互交换，每组做一份评价意见书。

学习心得

课题 3　汽车制动系统改装

课题目标

知识目标

1. 能说出汽车改装制动系统的功能；
2. 能说出盘式制动系统的工作原理；
3. 能叙述盘式制动器的构造和改装制动系统的类型。

技能目标

1. 能合理地进行汽车改装制动系统的选择；
2. 会正确地进行汽车改装制动系统的安装；
3. 会对汽车制动系统改装后的尺寸、位置进行检查并且进行安全确认。

素养目标

1. 通过对高性能制动系统的学习，学会查询国外的高性能制动系统知识，培养归纳总结能力；
2. 通过分组教学，组内协作、组间互助，培养职业责任感、沟通能力和团队协作能力，提升质量意识和以人为本的服务素养；
3. 通过对安全、健康、环保等理念的学习和贯彻，培养基本的职业素养和精益求精的工匠精神。

理论知识

一、制动系统的定义

汽车制动系统通常使用鼓式和盘式这两种制动系统，其中只有盘式制动系统适合进行改装作业。下面来介绍一下盘式制动系统。

二、盘式制动系统

1. 制动分泵

制动分泵作为制动系统中的重要执行元件，其匹配性直接关乎制动性能的优劣。在升级高性能制动系统的过程中，两个核心要素尤为关键。

（1）总泵真空助力器的推动压力。不同车型配备的总泵真空助力器大小不一，其产生的推动压力自然也有所不同。一般而言，总泵真空助力器体积越大，所能产生的压力便越大，反之则越小。这一特性在制动分泵的选型与匹配中起着至关重要的作用。

（2）制动总泵供油特性。制动总泵的内缸容量与直径差异，直接决定了其在一个行程内所能提供的油量。对于改装的制动分泵而言，是否选择了合适的活塞尺寸匹配制动总泵的供油特性，将直接影响到制动分泵的压强面积，进而对整个制动系统的反应速度与总咬合力产生决定性的影响。

2. 制动器

制动器作为制动系统的核心部件，其性能直接决定了汽车的制动效果。制动器主要由制动盘、制动片和制动卡钳等部件组成，它们之间紧密相连，共同协作完成制动任务。

（1）制动盘。制动盘分为一体式与分体式两种。一体式制动盘以其稳定性强、重量大、成本低的特点而获得广泛应用；而分体式制动盘则通过轻量化铝制零件与钢铁制动盘圈的巧妙结合，实现了重量轻、更换方便、成本适中的优势。

（2）制动片。面对多样化的行驶路况与驾驶需求，市场上涌现出了多种摩擦系数的制动片。这些制动片各具特色，工作温度各异，车主可根据自身实际情况进行选择。常见的制动片配方包括陶瓷配方、少金属配方以及重金属配方等。

（3）制动卡钳。作为连接制动片与车轮的关键部件，制动卡钳主要功能是在制动时夹紧制动盘，通过摩擦产生制动力使汽车减速或停止。在众多改装制动卡钳中，双向六活塞卡钳以其卓越的性能脱颖而出，成为高性能制动系统的代表。

三、制动系统的改装选择

在追求驾驶安全与性能提升的过程中，选择与汽车匹配的制动系统至关重要。这一过程需综合考虑轮毂尺寸、车身重量参数及车型动力参数，以确保制动系统既能满足日常驾驶需求，又能应对极限驾驶条件下的挑战。

1. 轮毂尺寸

轮毂尺寸是选择制动系统的关键起点。不同尺寸的轮毂内径决定了适配的制动盘规格。

此外，轮毂的 X 距离（制动空间），可通过轮毂的 J 值（轮辋宽度）与 ET 值（偏距）精确测量得出。这一空间必须充足，以确保制动卡钳在安装后拥有足够的安全间隙，避免与轮辋或其他部件产生干涉。

2. 车身重量参数

车身重量参数是影响制动性能的重要因素。车身重量越大，制动时产生的惯性也越大，这就要求制动系统具备更强的制动力矩以克服这种惯性。因此，在选择制动卡钳时，需根据汽车的实际重量负荷，合理确定制动卡钳的活塞数量及活塞供油面积。活塞数量的增加能提升制动力，而合适的供油面积则能确保制动油压的有效传递，两者共同作用可实现高效、稳定的制动效果。

3. 车型动力参数

车型动力参数，特别是最大马力与功率输出，直接决定了汽车的加速性能与最高车速。因此，在选择制动系统时，需充分考虑车型的动力参数，选择具备高性能与稳定性的制动卡钳、制动盘及制动片等组件，以确保制动系统能够充分满足汽车的动力需求。

实训任务

一、实训资源准备

教学实车、教学视频、汽车举升机、施工手套、活动扳手、套筒扳手、液压千斤顶、维修电脑、擦拭布等。

二、实训步骤

1. 制动套件检查

安装制动前要检查制动套件是否齐备	检查制动套件

2. 制动系统改装

安装前首先要检查确认汽车的轮毂是否能匹配制动套件，确定没问题再进行下一步	 确认轮毂尺寸
首先拆卸轮毂，然后拆卸原车的制动卡钳和制动盘。 注意：原车油管暂时不能拆，以防所订购的产品不正确或者安装失败需要复原	 拆卸原厂配件
安装改装制动前需要把原车轴头面清理干净，把锈迹打磨掉，若没有把锈迹打磨掉，则会影响制动盘的平整度，这样会出现制动抖动现象	 清洁原车轴头
完成上面几步，接下来就是安装桥位了（桥位也俗称转接支架）。桥位的安装方法要正确。因为桥位有四种安装方法，所以要根据商家指定的安装方法来安装，不然有可能会出现桥位安装不上的现象	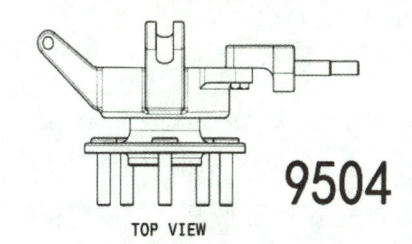 安装桥位
首先检查并清理转向节（又称羊角）上的毛刺（批风）（会阻碍桥位安装），按照桥位方位图锁好桥位，锁紧螺丝，切忌扭力过大以损坏桥位螺牙。 注意：锁定制动盘固定螺丝，转动制动盘	 安装制动盘

检查制动卡钳的制动盘安装口与制动盘是否在正中间，如果有所偏差，可以通过专用调整垫片进行增减，以调整制动卡钳的左右和高低（在此之前，必须确认制动盘已经安装好，并且使用轮胎螺丝锁紧固定在轴头上）

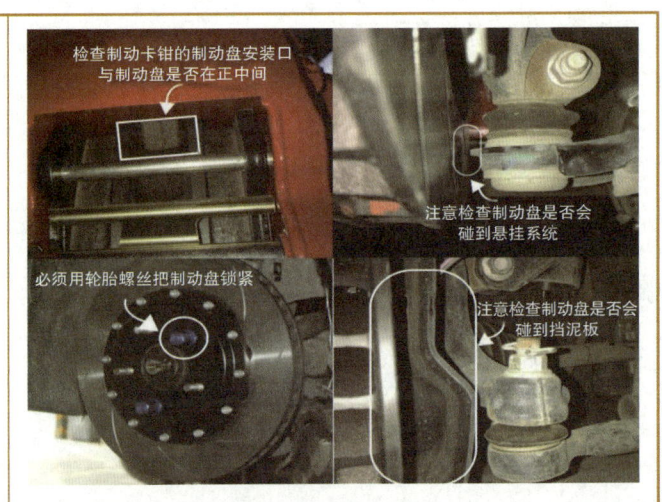

检查制动卡钳

检查没问题后，安装轮毂，检查轮毂空间是否能容纳制动卡钳（轮毂不能刮到制动卡钳）。

如果装上轮毂转动时轮毂的辐条刮到制动卡钳，那就需要加装垫片（或法兰盘）来调整轮毂的位置，以将其垫出到外圈的适当位置，这样才不会刮到制动卡钳

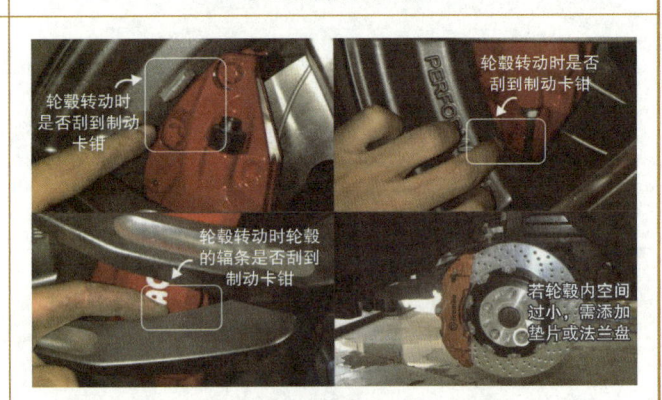

安装轮毂

做完以上步骤，接下来就是安装制动油管，安装好后，对接头位置进行检查，确保连接部分的紧密和安全。

回正方向盘，确认制动油管位置是否正确，同时仔细检查制动油管与周围部件的间隙，确保没有发生任何剐蹭或接触

检查接头位置

排空气一定要先起动汽车发动机再进行。排空气程序完成后把所有螺丝都锁紧，并且装上轮毂。

注意：需要检查制动油管是否碰到轮胎、避震器、悬臂部件等。随后，将汽车降至地面，并在原地进行方向盘的左右转动测试，通过来回测试确认制动系统无异常。最后，在确认一切正常后，进行试车，并对制动盘和制动片进行磨合测试，以确保制动性能良好

检查轮毂位置

3. 安装质检

制动系统安装完成后,需要进行复检和清理:对各个螺丝扭力检查标记;检查制动油管和各零部件是否有交叉磕碰;需要清理所有的油迹,以免造成螺丝松动或制动油腐蚀

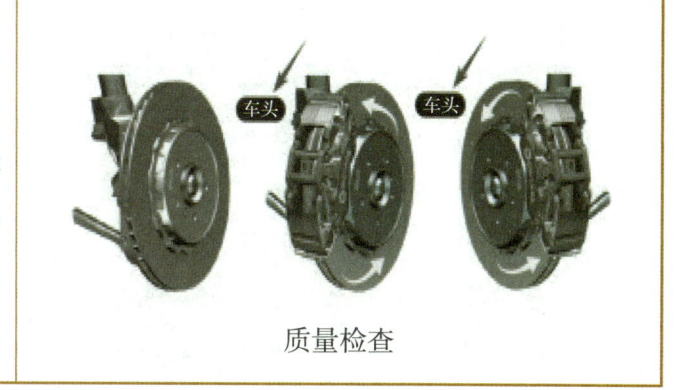

质量检查

评价与反馈

汽车制动系统改装课题评价表见表3-3-1。

表 3-3-1 汽车制动系统改装课题评价表

序号	内容及要求		评分	评分标准	自评	组评	师评	得分
1	专业知识理解和应用部分	能说出制动系统的位置和作用	5	每错一处扣1分,扣完为止				
		能准确说出各个工具的使用方法	5					
		能使用制动系统拆卸套筒、拆装专用工具	5					
		能准确说出改装制动系统后的结构差异	5					
2	操作内容和要求	拆卸原厂制动系统	18					
		准备改装制动系统组件	18					
		改装制动系统的安装	18					
		改装制动系统的扭力矫正	18					
3	安全文明生产	安装过程劳保用品的使用	4					
		安装后的检查	4					
指导教师总体评价								

指导教师_____
_____年___月___日

知识拓展

制动安装后的保养技巧

(1)制动安装完成后,各制动零件处于磨合期,尽量不要剧烈驾驶,以免对制动盘和制动片造成过度损耗。

（2）制动安装完成后，在使用1~2周后应检查一下制动油管是否有漏油或与其他零件交叉磕碰的情况。

（3）切记：不要在制动盘处于高温状态时洗车。制动盘在高温状态下遇水会急速冷却，可能会导致制动盘变形或出现裂纹。此外，过度使用制动系统也会对制动盘和制动片造成很大的伤害。

（4）制动卡钳需要定期清洁，以去除表面灰尘。制动片和制动盘会产生粉末，这些粉末可能会粘到轮毂和制动卡钳上，而制动卡钳的活塞是来回活动的，粉末会随着活塞的活动而进入制动卡钳内部，加快活塞密封胶圈磨损，从而导致活塞渗油或漏油的现象。

（5）制动片需要定期保养，并检查是否需要更换。一般来说，制动片的正常使用寿命是3万~4万km。具体以制动片实际磨损程度作为依据。当磨损率达到80%时就必须更换。

（6）制动盘是损耗零件，与制动片相互摩擦产生磨损，需要定期检查更换。一般来说，制动盘正常使用寿命是7万~8万km，具体以制动盘实际磨损程度作为依据。当磨损深度达到1 mm时，就必须更换。

练一练

一、填空题

1. 制动系统的改装升级旨在提高_____，提升制动性能和缩短制动距离。
2. 高性能制动系统应具备多活塞制动卡钳、_____、快速散热性能和耐高温性能。
3. 高性能制动系统所产生的摩擦温度是原厂_____的2~3倍。
4. 制动时，制动总泵将液压油注入制动分泵活塞缸体内部。在液压作用下，活塞推动两片制动片压紧制动盘，产生_____，使制动盘和轮毂停止转动。
5. 在升级高性能制动系统匹配当中，_____的推动压力和制动总泵供油压力是影响制动效果体验的两个要素。

二、选择题

1. 制动系统的作用是（　　）。
   A. 使车轮转动速度减慢或停止　　　　B. 发动机产生更大的动力
   C. 使汽车悬挂系统减震　　　　　　　D. 使汽车变得更加舒适
2. 高性能制动系统应该具备以下条件，除了（　　）。
   A. 多活塞制动卡钳　　　　　　　　　B. 轻量化设计
   C. 高速运转稳定性　　　　　　　　　D. 快速散热性能
3. 盘式制动器的构成零件不包括（　　）。
   A. 制动总泵　　　B. 制动盘　　　C. 制动片　　　D. 制动轮毂

4. 制动分泵的选择会影响到（　　）。

A. 制动效果　　　　　　　　　　B. 制动块的耐磨性

C. 制动盘的重量　　　　　　　　D. 发动机的转速

5. 制动总泵的工作原理是（　　）。

A. 当驾驶员踩下脚踏板时，制动总泵的活塞将制动油往前推动并通过各油管道将液压油注入制动分泵

B. 制动总泵将液压油注入制动分泵活塞缸体内部，活塞在液压作用下将两片制动块压紧制动盘，产生摩擦力矩

C. 制动分泵通过液压作用使制动盘对整个制动系统起调节作用

D. 制动总泵真空助力器的推动压力，不同车型的助力器大小一样

三、判断题

1. 汽车原厂制动系统可以满足所有车主的需求。　　　　　　　　　　（　　）
2. 高性能制动系统具备快速散热性能和耐高温性能。　　　　　　　　（　　）
3. 盘式制动系统的工作原理是踩踏制动踏板，推动制动总泵，将液压油注入制动分泵活塞缸体内部，其活塞在液压作用下将两片制动块压紧制动盘，产生摩擦力矩。（　　）

四、做一做

各个小组将自己小组改装完的图片相互交换，每组做一份评价意见书。

学习心得

课题 4　汽车轮毂改装

课题目标

知识目标

1. 能说出汽车改装轮毂的结构和功能；
2. 能说出汽车改装轮毂的优缺点；
3. 能叙述汽车改装轮毂常见的材质和加工流程。

技能目标

1. 能在了解客户需求的情况下推荐合适的轮毂进行改装；
2. 能正确规范地进行轮毂的安装作业；
3. 会对轮毂改装后的尺寸、位置进行检查并且进行安全确认。

素养目标

1. 通过对汽车改装轮毂的学习，学会汽车改装轮毂在国内外的应用，培养归纳总结能力；
2. 通过分组教学，组内协作、组间互助，培养职业责任感、沟通能力和团队协作能力，提升质量意识和以人为本的服务素养；
3. 通过对安全、健康、环保等理念的学习和贯彻，培养基本的职业素养和精益求精的工匠精神。

理论知识

一、轮毂

轮毂是轮胎内廓支撑轮胎的圆桶形的、中心装在轴上的金属部件，又叫轮圈、钢圈、轱辘、胎铃。轮毂结构如图 3-4-1 所示。轮毂主要参数包括直径和宽度、孔距、偏距、中心孔径等（图 3-4-2），具体如下。

图 3-4-1 轮毂结构

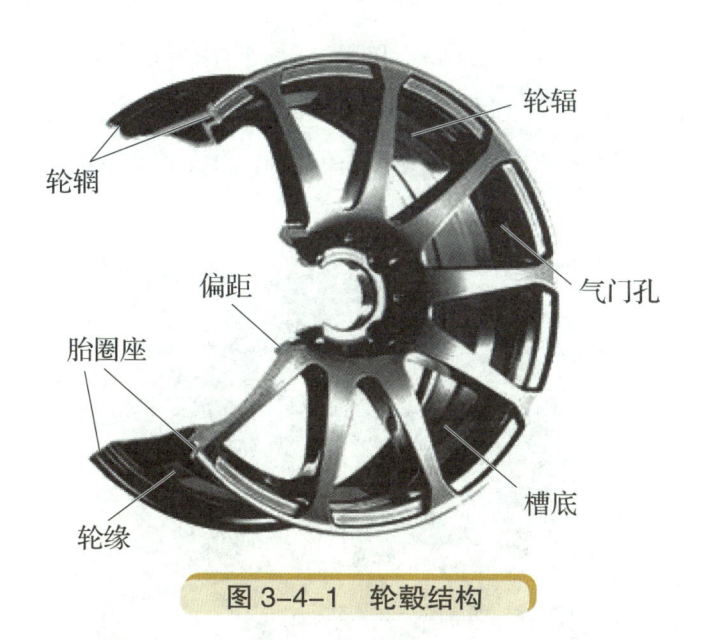

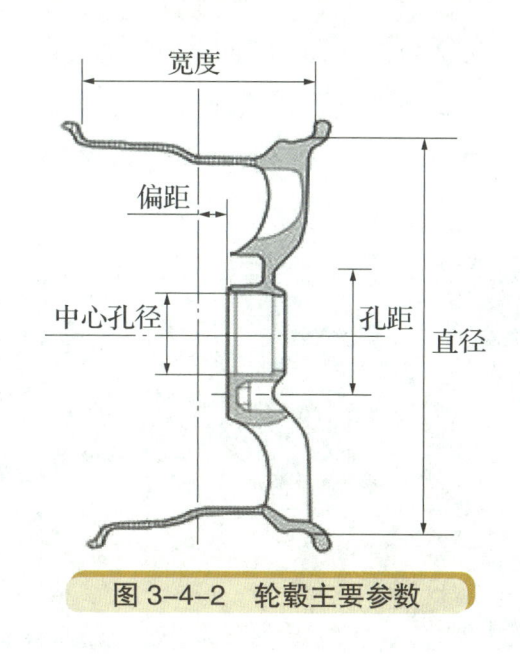

图 3-4-2 轮毂主要参数

1. 尺寸

尺寸是指轮毂的直径和宽度。

2. 孔距

孔距的专业名称为节圆直径，是指轮毂中央的固定螺栓孔间虚拟圆的直径。不管轮毂有几个螺栓孔，用每个孔的圆心连成的一个虚拟的圆，这个圆的直径就是孔距。孔距是轮毂的重要参数之一，用于确保车轮的安全与稳定性，建议选择与原车孔距一致的轮毂进行改装。

常见的表示方式包括 4X100、5X114.3、5H112 等，其中的数字"4""5"表示螺栓孔的数量，而后面的"100""114.3""112"表示螺栓孔的节圆直径，单位为毫米（mm）。例如，4H100 表示 4 个螺栓孔，且这些孔的圆心连成的虚拟圆的直径为 100 mm。

3. 偏距

偏距指轮毂安装面到中心线的距离，用来衡量轮毂的偏移量。

4. 中心孔径

中心孔径指轮毂中心孔的直径，用于配合汽车的轮毂中心轴。

二、轮毂的材质及加工流程

轮毂的材质包括铝合金、钢材和碳纤维等。铝合金轮毂具有轻量化、强度高、造型美观等特点，成为较为常见的选项。轮毂的加工工艺有铸造、锻造和 CNC（Computer Numerical Control，计算机数字控制）加工等。铸造工艺成本相对较低，生产周期短，但成品的表面质量和尺寸精度不如锻造和 CNC 加工；锻造工艺可以获得较高的密度和优良的机械性能，但成本相对较高，不适合大规模生产；CNC 加工具有较高的精度和表面质量，但成本也相对较高。不同材质的轮毂也有各自的优缺点和适用范围。铝合金轮毂（图3-4-3）因其轻量化、强度高、造型美观等特点而成为较为常见的选项；钢材轮毂具有较高的强度和韧性，适用于重载、越野和竞技等场景，图3-4-4所示为越野轮毂；碳纤维轮毂具有较高的强度和刚性，同时也较为昂贵，适用于高端赛车等场景。

图3-4-3 铝合金轮毂

图3-4-4 越野轮毂

不同的加工工艺对轮毂的质量和性能会有不同的影响，需要根据轮毂的使用需求来选择加工工艺。在轮毂加工过程中，还需要考虑表面处理和质量检验等环节，以确保轮毂的质量和性能。

实训任务

一、实训资源准备

教学实车、教学视频、套筒扳手、轮胎动平衡、扭力扳手、活动扳手、清洁剂、擦拭布等。

二、实训步骤

1. 汽车清洁

使用高压水枪在专业的洗车工位进行汽车的清洁，尤其是汽车轮毂的清洁

对汽车进行深度清洁

己 轮毂改装

在安装轮毂之前，需要先将汽车抬升至安全高度，并将车轮从汽车上卸下。同时，需要检查轮毂和车轮孔的尺寸、孔距、偏距、中心孔径等参数是否匹配，以确保轮毂与车轮安装的兼容性	 轮胎的拆卸
更换轮胎前确定汽车是否存在前后不同匹配的轮胎数据，拆除原厂轮胎时做好标记，并且留意汽车是否配备胎压监控装置，以防拆坏	 拆卸原厂轮胎
更换新轮毂，并按照原厂说明标准对轮胎进行充气至标定胎压，并做好防漏气检查	 更换新轮毂
通过动平衡机与平衡块标定每个轮毂内外侧动平衡，使汽车高速行驶更加稳定	 进行动平衡标定
按照汽车主机厂提供的标定扭力值，使用扭力扳手进行紧固操作，常规建议扭力值为 130 N·m	 上车安装

汽车改装技术基础与应用

3. 安装质检

在安装完车轮后,需要对轮胎进行复位工作,并用扭力扳手再次检查轮毂和车轮的紧固力是否合适。

最后,还需要清理车轮和轮毂的表面,并涂抹适当的润滑剂,以减少摩擦和磨损

质量检查

评价与反馈

轮毂改装课题评价表见表3-4-1。

表 3-4-1 轮毂改装课题评价表

序号	内容及要求		评分	评分标准	自评	组评	师评	得分
1	专业知识理解和应用部分	能说出原厂轮毂的尺寸和材质	5	每错一处扣1分,扣完为止				
		能准确说出轮胎拆装工具的使用方法	5					
		能使用轮毂拆装的专用工具	5					
		能准确说出不同尺寸轮毂对汽车的影响	5					
2	操作内容和要求	汽车深度清洁	18					
		准备轮毂改装材料和工具	18					
		分步骤进行轮毂改装	18					
		改装后的质量检查	18					
3	安全文明生产	安装过程劳保用品的使用	4					
		安装后的检查	4					
指导教师总体评价								

指导教师＿＿＿＿＿
＿＿＿年＿＿月＿＿日

知识拓展

轮胎的正确安装、保养和更换

一、轮胎的正确安装

轮胎的正确安装需要按照规定的顺序进行，同时需要注意轮胎的方向和对称性，以确保轮胎和车轮的安全性与稳定性。错误安装会导致轮胎磨损不均匀、转向不稳定等问题。

二、轮胎的保养

轮胎的保养包括保持轮胎的正常气压、定期检查轮胎磨损程度、避免过度载重和急加减速、避免长时间高速行驶等。此外，还需要定期清洗轮胎表面，避免接触化学物质和日晒雨淋等。正确的保养可以延长轮胎的使用寿命，减少安全隐患。

三、轮胎的更换

轮胎的寿命和更换时间一般取决于使用频率和路况等因素，但一般建议轮胎使用3~5年或行驶10万~15万km后进行更换，以确保汽车行驶的安全性和稳定性。此外，轮胎更换时需要注意选择合适的轮胎规格和型号，并按照规定的安装步骤进行。

练一练

一、填空题

1. 请计算一种轮毂的孔距，孔距为_____mm，偏距为_____mm，螺母孔数量为_____。

2. 请计算一种轮毂的偏距，轮毂宽度为_____mm，轮毂中心线到安装面的距离为_____mm。

3. 如果一个轮毂的尺寸为18×8.5 J，该轮毂的宽度和直径分别是_____和_____。

二、选择题

1. （　　）轮毂材质比较轻，但价格比较贵。

　A. 钢材　　　　　B. 铝合金　　　　C. 碳纤维　　　　D. 镁合金

2. 以下哪种轮毂加工工艺能够获得较高的精度和表面质量？（　　）

　A. 铸造　　　　　B. 锻造　　　　　C. CNC加工　　　D. 全部都一样

3. 在进行轮毂安装时，安装扭矩的大小应该遵守（　　）原则。

　A. 尽量拧紧　　　　　　　　　　　B. 根据轮毂的材质和尺寸来确定

　C. 根据汽车的使用环境来确定　　　D. 根据安装使用说明书的要求

4. 铝合金轮毂成为较为常用的改装轮毂，原因不包括（　　）。

　A. 轻量化　　　　　　　　　　　　B. 强度高

　C. 容易塑造不同外形　　　　　　　D. 价格贵

三、判断题

1. 改装升级轮毂的意义仅仅是为了美观。（   ）

2. 轮毂与汽车行驶稳定性密切相关，优质的轮毂可以提高汽车的行驶稳定性，降低翻车和失控的风险。（   ）

3. 安装新轮毂，按照标定扭力，使用扭力扳手进行工作。（   ）

四、做一做

各个小组将自己小组改装完的图片相互交换，每组做一份评价意见书。

学习心得

模块四

汽车动力系统改装

> **模块描述**
>
> 　　汽车动力系统改装是为了更好地提升汽车动力性能以发挥轮胎的性能极限，达到更好的汽车操控驾驶性能体验。汽车动力系统改装主要集中在：汽车进气系统改装、汽车排气系统改装、汽车点火系统改装、汽车行车电子控制单元改装。
>
> 　　汽车动力系统改装是一个综合性专业改装过程，需要考量发动机整体工况、外部气候环境、使用的油品状况等，不要盲目追求发动机工作极限。

课题 1　汽车进气系统改装

课题目标

知识目标

1. 能说出进气改装的原理与种类；
2. 能说出市场上常见的进气改装材料及其性能。

技能目标
1. 能合理地进行进气改装构件的选择；
2. 会正确地进行进气改装套件的安装；
3. 能够完成进气改装套件安装后的尺寸、位置检查并进行安全确认。

素养目标
1. 通过积极主动参与各项工作课题和小组的5S工作，领悟社会主义核心价值观中"爱岗敬业"的内涵；
2. 通过对安全、健康、环保等理念的学习和贯彻，培养基本的职业素养和精益求精的工匠精神。

理论知识

一、汽车进气系统的基本定义

汽车进气系统为发动机提供新鲜气体或清洁的空气以供气缸内进行燃烧反应。汽车进气系统的前端部分通常由空气过滤器构成，主要作用是过滤空气中的杂质，使发动机能够吸入清洁空气。发动机吸入的空气与燃油混合，形成混合物以供内燃机进行爆燃。当空气流量以及空气含氧量大幅提升时，内燃机的燃烧将会变得更加充分，从而提高效率和动力输出。流通性和隔热性是决定发动机运行效率的关键因素。流通性保证了空气能够顺畅地进入气缸，而隔热性则确保进气温度控制在最佳范围内，避免过高的进气温度影响燃烧效率。为了提升车主的汽车操控驾驶性能体验，市场上已经研发并推出了一系列进气改装部件。

二、汽车进气系统改装种类

汽车进气系统改装主要分为：高流量空气滤芯改装、进气冬菇头改装、进气风箱改装。针对不同的需求可以选择不同的改装进气部件。

（1）高流量空气滤芯。作为原厂替换部件，高流量空气滤芯不仅能更好地对发动机进行保护，还具有出色的环保性能。其采用的特殊纤维棉材质不仅过滤效果远超原厂空气滤芯，还能显著提高空气的流通性。

（2）进气冬菇头。进气冬菇头是专为不同车型设计的铝制管道，它通过改变进气结构，增加了空气的接触面积。进气冬菇头作为应用最广泛的赛车竞技改装部件，能够显著提高发动机在高转速下的吸气效率，但同时也可能影响低转速时的进气压力，因此需根据实际情况选择使用。

（3）进气风箱。进气风箱的设计旨在优化发动机在低转速时的进气效率。通常采用干碳纤维材质制成，以全面覆盖风箱主体，结合高流量空气滤芯，最大限度地隔绝发动机舱内的热量，防止高温空气降低氧含量。低温且富含氧气的空气能够提高发动机的燃烧效率，进气风箱结合了原厂设计与进气冬菇头的优势，虽然成本较高，但使发动机的整体性能得以提升。

三、合理选择汽车进气系统部件

选择合适的汽车进气系统部件，需要考虑汽车的用途、性能需求以及预算。以下是几种常见进气系统部件。

（1）高流量空气滤芯。作为基础改装配件，高流量空气滤芯提供了比原厂更好的空气流通性，有助于提升发动机的响应速度。虽然性能提升可能不是非常明显，但对于寻求入门级改装的车主来说，它是一个成本效益较高的选择。

（2）进气冬菇头。专为追求高转速性能的赛车或高性能汽车而设计。它通过优化进气路径，提高了高转速下的进气效率。然而，由于隔热性相对较差，可能会导致低转速时扭矩的损失。进气冬菇头的成本适中，适合主要在赛道上驾驶并愿意接受低转速性能的车主。

（3）进气风箱。作为进气的进阶改装产品，进气风箱可提升进气系统的整体性能，包括更好的进气效率和隔热效果。由于其工艺和材料成本较高，进气风箱改装更适合对性能有较高要求的车主。

实训任务

一、实训资源准备

教学实车、教学视频、汽车举升机、施工手套、套筒扳手、液压千斤顶、钳子、擦拭布等。

二、实训步骤

1. 实施前准备

| 打开发动机盖，检查确保支撑杆稳固支撑发动机盖。找到原车进气风箱所在的位置，并找到其固定孔位和固定螺丝位置 | 汽车准备 |

用擦拭布擦拭进气管道连接口灰尘。准备好涡流进气改装套件	 涡流进气改装套件

2. 安装进气管道及套件

找到原车进气风箱固定孔位，使用螺丝刀进行进气风箱固定位置拆卸，拆卸进气管	 拆卸进气管
拆卸进气温度传感器	 拆卸进气温度传感器
使用擦拭布把进气风箱连接孔位擦拭干净，避免灰尘进入。 把涡流进气改装套件按照原车进气风箱的位置对接发动机进气管道，使用专用耐高温胶套固定	 使用专用耐高温胶套固定
调整涡流进气管道和发动机进气管连接口的位置，避免触碰其他发动机部件，然后使用螺丝刀把耐高温胶套上紧密封，连接进气管道，把固定用的配件安装好，用于固定发动机进气管连接口的位置	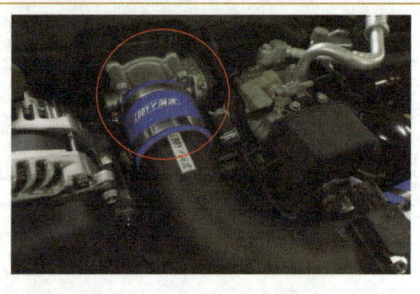 调整涡流进气管道和发动机进气管连接口的位置

模块四　汽车动力系统改装

固定发动机进气管连接口的位置	  固定发动机进气管连接口的位置
把原车的空气流量传感器安装到进气管壁上的专用接口，同时连接好真空管和废气管孔位	 连接好真空管和废气管孔位

3. 安装质检

检查涡流进气升级套件是否安装牢固，避免发动机舱内发生磕碰	 检查涡流进气升级套件是否安装牢固
检查密封胶圈是否安装牢固，避免空气泄漏	 检查密封胶圈是否安装牢固
起动发动机，检查进气管道是否有漏气、是否有异响。 确认没问题后，交车	 检查进气管道是否有漏气、是否有异响

评价与反馈

汽车进气系统改装课题评价表见表4-1-1。

表4-1-1 汽车进气系统改装课题评价表

序号	内容及要求		评分	评分标准	自评	组评	师评	得分
1	专业知识理解和应用部分	能说出进气系统改装的作用	5	每错一处扣1分，扣完为止				
		能准确说出各个工具的使用方法	5					
		能使用专用工具并对工具进行保养	5					
		能准确说出如何选择合适的配件	5					
2	操作内容和要求	拆卸原车附件	15					
		准备进气系统组件并且组装	15					
		进气系统组件的安装	15					
		进气系统工作的质检	15					
3	安全文明生产	安装过程劳保用品的使用	10					
		安装结束后5S整理	10					
指导教师总体评价								

指导教师_____
_____年____月____日

知识拓展

汽车进气系统改装：高转速下的动力优化与低速扭曲

汽车进气系统改装属于物理提升，对于汽车的动力提升相对明显。但随着发动机进气量的提升，可能会对汽车的低速扭矩产生一定的影响。具体来说，低速时的响应可能会有所放缓，但是，这种影响通常在高转速下变得不那么显著，因为高转速下的气流可以快速填充气缸，从而实现更好的动力输出。汽车进气系统改装的精髓在于其对高转速和高速运行的优化。在高转速下，发动机可以更充分地利用增加的进气量，实现更高的燃烧效率和动力输出。

此外，进气质量和进气位置也与发动机的运行效率密切相关。改装进气部件时，进气口的位置应尽可能靠近发动机前端，以便第一时间吸入新鲜空气。

练一练

一、选择题

1. 汽车进气系统的作用是（　　）。
   A. 为心脏提供含氧空气　　　　　　B. 为发动机提供含氧空气
   C. 为车内乘客提供含氧空气　　　　D. 为轮胎提供氧气
2. 汽车进气系统改装主要分为（　　）。
   A. 改装前保险杠、后视镜、大灯
   B. 改装高流量空气滤芯、碳纤维进气
   C. 改装进气歧管、排气管
   D. 改装中控台、线束系统

二、判断题

1. 汽车进气系统的作用是为发动机提供含氧空气以促进其正常运行。（　　）
2. 发动机进气部件的流通性与隔热性直接决定了发动机的运行效率。（　　）
3. 汽车进气系统改装主要分为改装高流量空气滤芯、改装碳纤维进气风箱、改装碳纤维进气冬菇头。（　　）
4. 高流量空气滤芯主要以保护发动机与使用环保为主，特质的纤维棉材质过滤性远超原厂空气滤清器。（　　）
5. 进气冬菇头是进气改装部件中应用最广泛的一种。（　　）

三、做一做

各个小组将自己小组的工件相互交换，每组做一份评价意见书。

学习心得

课题 2　汽车排气系统改装

课题目标

知识目标
1. 能说出排气改装的原理与种类；
2. 能说出市场上常见的排气改装材料和性能。

技能目标
1. 能合理地进行排气改装构件的选择；
2. 会正确地进行排气改装套件的安装；
3. 能够完成排气改装套件安装后的尺寸、位置检查并进行安全确认。

素养目标
1. 通过积极主动参与各项工作课题和小组的5S工作，领悟社会主义核心价值观中"爱岗敬业"的内涵；
2. 通过分组教学，组内协作、组间互助，模拟企业工作状态，培养职业责任感、沟通能力和团队协作能力，提升质量意识和以人为本的服务素养；
3. 通过对安全、健康、环保等理念的学习和贯彻，培养基本的职业素养和精益求精的工匠精神。

理论知识

一、汽车排气系统的基本定义

汽车排气系统是指收集并且排放废气的系统，一般由排气歧管、排气净化装置（三元催化器）、排放颗粒捕捉器（GPF）、排气消声鼓和排气尾嘴等组成。

就汽车排气系统改装而言，多数以三元催化器头段加排气的中尾段为主。

1. 三元催化器头段

三元催化器是安装在汽车排气系统中最重要的机外净化装置，其催化剂由稀有金属组成，它可将汽车尾气排出的CO（一氧化碳）、HC（碳氢化合物）和NO_x（氮氧化物）等有害气体通过氧化和还原作用转化为 CO_2（二氧化碳）、H_2O（水）和 N_2（氮气）。三元催化器头段其实一开始是应对环保而生的产物。发动机的工作供油、点火与进气各方面必须配合精准，为了控制这个精准度，必须要在触媒前后设置一个前氧传感器，用来监测空燃比，同时，还需要一个后氧传感器，用来检测残氧的变化量，最后根据触媒所消耗氧气量来估算是否要增减供油和进气量。所以说三元催化器头段在改装排气管中属于重要的一个环节。

2. 排气的中尾段

排气的中尾段通常包括中鼓、尾鼓和尾嘴，这个是改装最多的部分，通常是为了声浪和回压这两个重要的指标。其中，中鼓主要影响回压的大小。不过在改装界，一般偏向高速性能，改装件都会适当减小原厂回压，因此改装中鼓通常比原厂的短粗。

二、汽车排气系统的种类

市面上用的排气头段基本上分为三元催化器头段和直通头段，而三元催化器头段又分为改装高流量三元催化器头段和原厂高密度三元催化器头段。

街车和赛车甚至根本不安装中鼓。

尾鼓的种类比较多，国内习惯按形状分为直筒、G 鼓、S 鼓、H 鼓、阀门鼓等。

三、合理改装汽车排气系统

1. 头段排气的选择

（1）100 目三元催化器。其孔径较大，气流通过性非常好，适用于赛道竞技，排气声浪大。

（2）300 目三元催化器。其孔数量较多、较密，气流通过量次于 100 目三元催化器，但拥有足够的背压，既可满足中低速街车对扭力的需求，同时又兼顾了环保标准，也是目前最适合日常改装的一款产品。

（3）600 目以上的原厂款陶瓷三元催化器。其主要用于原厂三元催化器失效的替换，功能和原厂相似或更优。

（4）直通头段。其通常用于赛事，提供更大的排气量，但环保性较差。

2. 中尾段排气的选择

（1）外观。

汽车原厂的汽车排气尾段设计都很简单，一般分为单边单出、单边双出、双边双出等。选择改装排气，可以使汽车在完美适应原厂管道设计的情况下，达到不一样的视觉效果。除了不同的出口方式，不同品牌的排气尾段也有不同的样式，不同材质也能展示出不同的效果，可以根据自己的喜好选择样式。

（2）声浪。

影响排气声浪的因素主要有材质、设计等。如今在购买排气系统时，无论是直通排气、回压排气，还是阀门排气，都应根据使用场景在合规的情况下进行改装。

（3）材质。

不同材质的排气系统性能也不一样。最常见的为不锈钢材质，其具有价格合理、耐腐蚀性、坚固性、可塑性等特点，重量也适中。钛合金排气虽然更轻，坚固性也更强，但价格相对昂贵很多。

（4）性能。

不同类型的排气管道设计有着不一样的排气方式，因此影响着汽车的性能。

直排式排气的排气通畅性最强，声浪也最大，但会导致低扭动力输出的损失，适合追求高转速性能的场景。回压式排气在管内保留废气，有助于提升低转速扭力，但在高转速时可能影响性能。阀门式排气则更具灵活性，允许在直排和回压之间切换，以适应不同的驾驶条件。

实训任务

一、实训资源准备

教学实车、教学视频、汽车举升机、手电钻、螺丝刀、锤子、活动扳手、钳子、擦拭布等。

二、实训步骤

1. 实施前准备

首先要将车子停放在汽车举升机上，方便后续进行拆卸。

打开机盖，面对发动机，掀开带有车标的发动机盖板，取出缓冲垫

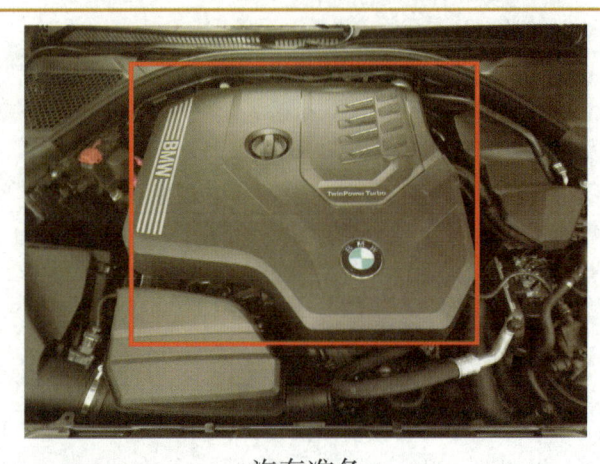

汽车准备

模块四　汽车动力系统改装

2. 排气改装组件安装

为了避免造成氧传感器在拆卸过程中因为搭铁造成的损坏，找到右图中箭头所示的部分，即为三元催化器头段的前、后氧传感器，按下锁扣即可分离插头	 分离氧传感器插头
解除氧传感器的插头后，往下即可看见如右上图所示的部分，使用套筒扳手松开并解除夹箍螺栓，取下夹箍，再将氧传感器的线束固定夹扣松开	 取下夹箍 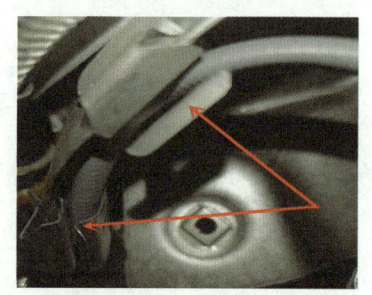 将氧传感器的线束固定夹扣松开
完成以上工作后，升起汽车举升机，即可看见整个底盘结构，此时需使用棘轮扳手，搭配套筒扳手，拆除前护板	 拆除前护板
松开排气管紧固螺母	 松开排气管紧固螺母

75

汽车改装技术基础与应用

在底盘上找到右图中圆圈所示的部分,使用套筒扳手松开夹箍	 松开夹箍
在底盘图中找到中间护板部分,使用套筒扳手松开并解除 8 颗螺栓,拆下底盘中间护板,此时需要支架将前部排气管部分拖住,避免其脱落造成人员受伤	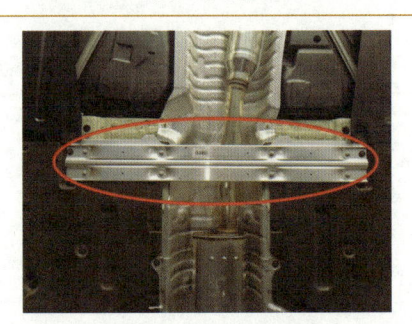 松开并解除 8 颗螺栓
在底盘中后部的排气管处找到如右图所示的吊钩,使用棘轮扳手配合加长杆和套筒扳手,松开并取下螺栓	 取下螺栓
在底盘后部的排气管左侧找到右图中排气管吊钩支架,使用套筒扳手松开并解除图中箭头所示的螺母,此时需要 2 人以上完成协助工作,避免其脱落造成人员受伤	 拆除排气管吊钩支架
在底盘后部的排气管左侧找到右图中排气管吊钩支架,使用套筒扳手松开并解除图中箭头所示的螺母,此时整个中尾段排气管的螺栓部分均已完成拆除,将整条排气管卸下即完成中尾段的拆除工作	 拆除中尾段排气管的螺栓

模块四　汽车动力系统改装

在中尾段拆除以后，从底盘下部即可看见 2 颗螺母，使用套筒扳手松开并解除右图中箭头所示的 2 颗螺母，然后转动整个三元催化器，即可拆卸。 　　注意：拆卸期间不要大力碰撞周围的护板和变速箱，三元催化器的核心部分为陶瓷制品，属于易碎品	 拆除三元催化器
拆除头段以后，再来看右图中所示，左侧为原车的排气管，右侧为改装型排气管全段，将图中 3 个红色箭头所示的排气管吊钩拆除并更换到需要安装的排气管上	 拆除排气管吊钩
如右图所示，使用套筒扳手将前、后氧传感器拆除并更换到新的三元催化器头段上	 将前、后氧传感器更换到三元催化器头段上
将前、后氧传感器安装在新的三元催化器头段上，切不可大力拧紧，扭矩以 50 N·m 为宜。此时可以将排气管头段按照拆卸的顺序安装至车上	 安装三元催化器头段排气管

3. 安装质检

当排气管头段和排气管尾段依次安装结束后，需要按照以下步骤做严格的检查，避免汽车在行驶过程中发生故障和危险	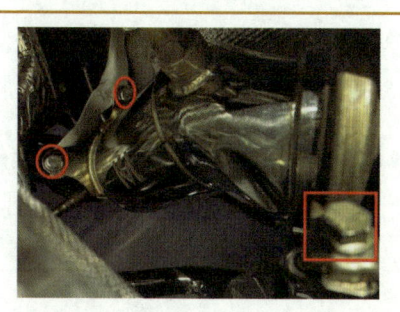 检查汽车

77

如图红色箭头所示，首先需要检查的是涡轮与排气管头段接口的夹箍安装是否正确，涡轮和排气管头段的接口是否在夹箍的 V 形槽内，检查涡轮口与排气管头段接口的夹箍螺丝是否锁紧，拧紧扭矩为 20 N·m	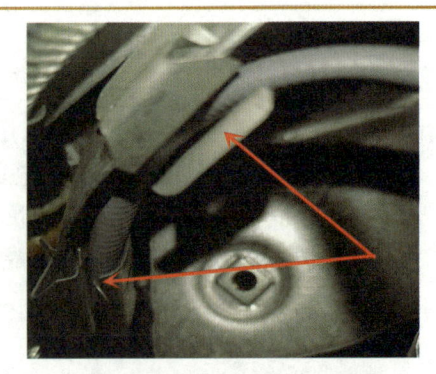 检查涡轮与排气管头段
检查前、后氧传感器的线束是否卡在专用的挂钩内，防止高温损坏传感器线束，如线束与排气歧管距离太近，即为不合格，有安全隐患，必须重新排放线束	 检查线束与排气歧管距离
检查尾段排气管的吊钩螺栓是否拧紧，防止其在行驶过程中因颠簸脱落造成危险	 检查尾段排气管
检查尾段排气管的吊胶是否完全套在挂钩上，防止其在行驶过程中因颠簸脱落造成危险	 检查尾段排气管的吊胶
如右图所示，检查红色箭头指示的螺栓是否拧紧，避免行驶过程中排气管中尾段衔接处漏气	 检查螺栓

按照拆卸的顺序，依次安装好如右图所示的护板螺丝，紧固后再次检查，并降下汽车举升机，将汽车放回地面	 检查护板螺丝
如右图所示，将前、后氧传感器按照公母插头的形状及线束颜色进行比较，并插好两个插头，按照拆卸的顺序装回固定支架中	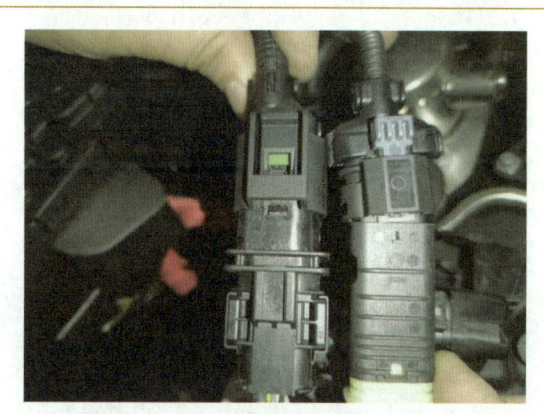 氧传感器插接
如右图所示，将缓冲棉按原来的位置摆放好，再将发动机盖归位，盖上的时候注意对应的角柱，最后合上机盖。一套以宝马 G28 325Li 为例的排气系统就安装结束了，可以点火试车了	 点火试车

评价与反馈

汽车排气系统改装课题评价表见表 4-2-1。

表 4-2-1　汽车排气系统改装课题评价表

序号	内容及要求		评分	评分标准	自评	组评	师评	得分
1	专业知识理解和应用部分	能说出排气系统改装的作用	5	每错一处扣1分，扣完为止				
		能准确说出各个工具的使用方法	5					
		能使用专用工具并对工具进行保养	5					
		能准确说出如何选择合适的配件	5					
2	操作内容和要求	拆卸原车附件	15					
		准备排气系统组件并且组装	15					
		排气系统组件的安装	15					
		排气系统工作的质检	15					
3	安全文明生产	安装过程劳保用品的使用	10					
		安装结束后5S整理	10					
指导教师总体评价								
				指导教师_____ _____年___月___日				

知识拓展

汽车排气系统安装须知

在汽车排气系统部件安装过程中，若遇某些零件拆装困难，应先使用润滑剂润滑，请勿敲打。产品安装过程中，请注意汽车电线是否需要包起来隔热。个别产品安装过程中要避免捅破中冷。安装完毕后，两小时内排气会冒白烟，属正常现象，切勿吸入，请勿慌张。排气系统的改装要基于遵纪守法和安全原则进行，这样车主便可以尽情享受改装所带来的乐趣。

练一练

一、选择题

1. 汽车排气系统一般由哪几部分组成？（　　）
   A. 发动机、进气管、汽车消声器
   B. 排气歧管、三元催化器、汽车消声器、排气尾管
   C. 车轮、油箱、仪表盘
   D. 车门、车窗、车灯

2. 什么是三元催化器头段？（　　）
   A. 改装排气管中最重要的机外净化装置　　B. 改装排气管中用于控制精准度的传感器
   C. 改装排气管中的声浪调节部分　　D. 改装排气管中的排气尾管

3. 排气的中尾段主要包括哪些部分？（　　）
   A. 进气管、排气歧管、中鼓、尾管　　B. 中鼓、尾鼓、尾管、三元催化器
   C. 前段、中段、后段　　D. 发动机、汽车消声器、排气尾管

二、判断题

1. 对于相当一部分的车主来说，他们所关心的通常是对汽车排气系统的深入研究。（　　）
2. 三元催化器头段是为了解决环保问题而生的产物。（　　）
3. 排气系统改装的中尾段通常不会影响回压的大小。（　　）

三、做一做

各个小组将自己小组的工件相互交换，每组做一份评价意见书。

学习心得

课题 3　汽车点火系统改装

课题目标

知识目标

1. 能说出点火系统改装的原理与种类；
2. 能说出市场上常见的点火系统改装方案形式；
3. 能熟悉点火系统改装所涉及的组件。

技能目标

1. 能合理选择点火系统改装组件；
2. 会正确地进行点火系统改装组件的安装；
3. 能够完成点火系统改装组件安装后的性能及安全检查。

素养目标

1. 通过积极主动参与各项工作课题和小组的 5S 工作，能够领悟社会主义核心价值观中"爱岗敬业"的内涵；
2. 通过分组教学，组内协作、组间互助，培养职业责任感、沟通能力和团队协作能力，提升质量意识和以人为本的服务素养；
3. 通过对安全、健康、环保等理念的学习和贯彻，培养基本的职业素养和精益求精的工匠精神。

理论知识

以下就对点火高压包、蓄电池、火花塞三个部件进行介绍。

1. 点火高压包

发动机点燃油气混合物，需要给火花塞提供 10 000 V 以上的电压来产生电火花，类似我们平时看到的电打火机。但是世界上绝大多数的内燃机汽车配备的是 12 V 的电力系统，因此需要点火高压包来实现电压的升压。汽车主机厂通常根据产品特性、目标消费群体和成本效益选择点火高压包，这为追求更高动力输出的车主提供了改装的机会。

目前市售大部分车型都可以选择更换用料更好的点火高压包，更换后可使电压变换、阻抗变换、隔离与稳压等表现更好，这样可以使电火花的输出更强、更稳定，有助于提高发动机的运作效率。最常见到的效果就是发动机功率和扭力提升。

2. 蓄电池

蓄电池为汽车上的点火高压包和其他各种电子设备提供稳定的电力输入。在现代汽车中，由于车上搭载多种用电设备，如点火、行车电脑、大灯、音响等，电气干扰可能会成为问题，特别是在更换了功率更大的照明系统、加装行车记录仪或大功率充电设备后，这些干扰可能会导致行车电脑信号不灵敏或点火效能降低等现象。

随着科技的发展，目前磷酸铁锂汽车蓄电池已成熟并得到普及，很多汽车更换蓄电池时会选择这种蓄电池。相比传统铅酸蓄电池，磷酸铁锂汽车蓄电池能为汽车提供更稳定的用电环境，为整车电器运作提供良好的基础。除此之外，磷酸铁锂汽车蓄电池还有重量轻、寿命长、环保等优势。

3. 火花塞

火花塞是点火系统最后一个重要环节，它可将高压电引入燃烧室，并使其跳过电极间隙而产生火花，从而点燃气缸中的可燃混合气。火花塞的工作状态主要以热值来区分：热值低的火花塞容易造成点火高温，热值高的则容易造成积炭。

（1）材质。

火花塞按材质可分为镍合金火花塞、铂金火花塞和铱金火花塞。点火性能：铱金＞铂金＞镍合金。

①铱金火花塞。其熔点最高，性能最好，中心电极直径很小，为 0.4~0.6 mm。中心电极越细，点火所需电压越低，释放的火花强度越大，尖端放电性能发挥得越好。它适合对动力性能需求较高的驾驶员，燃油经济性最好，价格为铂金火花塞的 2~3 倍。

②铂金火花塞。其寿命长，耐久性好，火花稳定，适合更恶劣的工况。

③镍合金火花塞。其可分为单极和多极，多极镍合金火花塞只是逐极点火，仅能延长火花塞寿命，并不能提高点火强度。

（2）结构。

从电极形式上看，火花塞包括无极、单极、双极、三极、四极等，两极以上的为多极火花塞。原厂火花塞大多为单极火花塞。多极火花塞通过增加侧电极的数量，可以在不同的发动机工况下提供更稳定的点火。在低速运行时，多极火花塞的多点放电有助于更均匀地点燃混合气；而在高速运行时，多点放电可以减少由于混合气快速运动导致的失火风险。

（3）热值。

火花塞的热值可分为冷型和热型两种，热值反映了火花塞的散热能力。

①冷型火花塞：外部绝缘体短，导热效率高，适用于高转速及高压缩比发动机。

②热型火花塞：外部绝缘体长，导热效率低，价格低，适用于普通性能及压缩比低的发动机。

实训任务

一、实训资源准备

教学实车、教学视频、螺丝刀、施工手套、套筒扳手、扭力扳手、火花塞套筒扳手、擦拭布等。

二、实训步骤

1. 查询蓄电池型号

查询并确认汽车对应的蓄电池型号	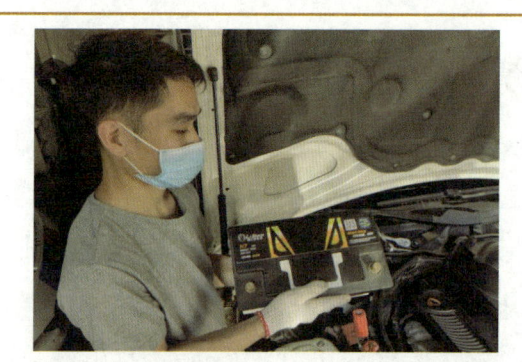 检查汽车对应的蓄电池型号
准备安装对应型号蓄电池所需的扳手和套筒	 准备拆装工具盒
打开发动机盖或尾箱盖（一些汽车的蓄电池在尾箱），找到蓄电池位置。 首先拆卸蓄电池负极连线，然后用绝缘材料包裹负极，以避免产生误触短路。 再拆卸蓄电池正极，同样用绝缘材料包裹。 用合适的套筒扳手拆卸蓄电池固定支架，取出旧蓄电池	 取出旧蓄电池

将新蓄电池轻轻放进固定的电池舱位，先装正极，用相应扳手和套筒扳手锁定蓄电池连线的螺丝，以固定蓄电池头与连线使其不产生空隙和晃动。 　　以此类推，装上蓄电池负极。 　　最后装配蓄电池固定支架。因车型各异，所以支架的装配存在多种形式	 安装新蓄电池
起动汽车，检查蓄电池的起动响应，并进行测试驾驶，以检视车内外用电设备是否正常，及检查行车电脑数据保存状态	 检查蓄电池的起动响应

2. 更换火花塞

准备拆装工具，用火花塞套筒扳手拧下点火高压包的固定螺丝	 拆卸点火高压包
拔出点火高压包，要注意很多点火高压包安装比较紧，拔出时要左右上下慢慢摇晃，使其逐渐松动至拔出	 拔出点火高压包

拔出点火高压包后用火花塞套筒扳手拧松，取出火花塞	 拆卸火花塞
把新的火花塞接在火花塞套筒扳手上，然后慢慢拧入，一般安装火花塞的扭矩为 25~30 N·m，设置扭矩拧紧即可	 安装火花塞
将点火高压包原路装回	 安装点火高压包

3. 点火高压包改装

准备拆装工具以及新更换的点火高压包组件	 准备拆装工具及点火高压包组件

断开点火高压包插头	 断开点火高压包插头
拧松点火高压包固定螺丝并拔出，要注意很多点火高压包安装比较紧，拔出时要左右上下慢慢摇晃至松开	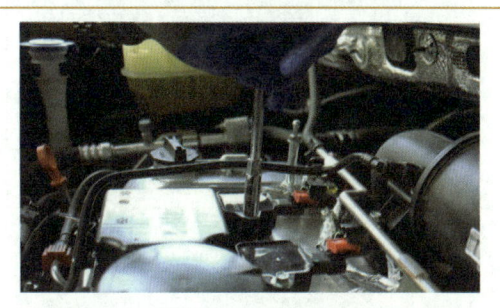 拆卸点火高压包
更换新的点火高压包，拧紧固定螺丝，接回插头即可	 更换新的点火高压包

评价与反馈

汽车点火系统改装课题评价表见表 4-3-1。

表 4-3-1 汽车点火系统改装课题评价表

序号	内容及要求		评分	评分标准	自评	组评	师评	得分
1	专业知识理解和应用部分	能说出点火系统改装的作用	5	每错一处扣1分，扣完为止				
		能准确说出各个工具的使用方法	5					
		能使用专用工具并对工具进行保养	5					
		能准确说出如何选择合适的配件	5					

续表

序号	内容及要求		评分	评分标准	自评	组评	师评	得分
2	操作内容和要求	拆卸原车附件	15	每错一处扣1分，扣完为止				
		准备点火系统组件并组装	15					
		点火系统组件的安装	15					
		点火系统工作的质检	15					
3	安全文明生产	安装过程劳保用品的使用	10					
		安装结束后5S整理	10					

指导教师总体评价

指导教师_____
_____年___月___日

知识拓展

选择合适的火花塞

在更换火花塞时，需要根据发动机原厂火花塞的工作温度选择合适的火花塞。如果与原厂热值不匹配，会造成火花塞工作温度过高或者过低。如火花塞热值过高，可燃气体进入燃烧室时会被过热的火花塞点燃，形成过早点火；如火花塞热值过低，则火花塞绝缘体容易被燃烧不完全的沉积物污染，使绝缘体表面的绝缘电阻降低，减弱点火火花的能量，严重时会出现缺火现象。

需要强调的是，火花塞热值的数值越大，越趋向于冷型；热值越小，越趋向于热型。建议采用与原厂火花塞热值相同的火花塞进行改装。

练一练

一、填空题

1. 火花塞将高压电引入燃烧室，并使其跳过电极间隙而产生_____。
2. 目前磷酸铁锂汽车蓄电池已成熟并得到普及，很多汽车更换蓄电池时选择_____。
3. 火花塞按照热值可以区分其工作特性，热值过低容易造成_____，热值过高容易造成_____。

二、选择题

1. 发动机点燃油气混合物需要提供（　　）电压。
   A. 12 V　　　　　　B. 1 000 V　　　　　C. 10 000 V　　　　　D. 100 000 V
2. 下列哪种情况不容易导致点火效能降低？（　　）
   A. 更换功率更大的照明系统　　　　　　B. 加装行车记录仪或大功率充电设备
   C. 音响低频声　　　　　　　　　　　　D. 没有更换蓄电池
3. 火花塞按照材质可分为下列哪些？（　　）
   A. 镍合金火花塞、铂金火花塞和铱金火花塞
   B. 镍合金火花塞、金火花塞和银火花塞
   C. 铂金火花塞、钯金火花塞和铱金火花塞
   D. 铂金火花塞、铜火花塞和银火花塞

三、判断题

1. 现在市场上没有任何部件可以改变内燃机汽车的动力特性。（　　）
2. 目前市售大部分车型都不能选择更换用料更好的点火高压包。（　　）
3. 磷酸铁锂汽车蓄电池相比传统铅酸蓄电池，提供的用电环境更不稳定。（　　）

四、做一做

各个小组将自己小组的工件相互交换，每组做一份评价意见书。

学习心得

课题 4　汽车行车电子控制单元改装

课题目标

知识目标

1. 能描述汽车行车电子控制单元的作用；
2. 能说出市场上常见的汽车行车电子控制单元改装方式；
3. 能叙述汽车行车电子控制单元改装后汽车的性能优势。

技能目标

1. 能合理地进行汽车行车电子控制单元的选择；
2. 能够正确地进行汽车行车电子控制单元的安装；
3. 能够对汽车行车电子控制单元改装后汽车性能进行检验。

素养目标

1. 通过积极主动参与各项工作课题和小组的 5S 工作，领悟社会主义核心价值观中"爱岗敬业"的内涵；
2. 通过对安全、健康、环保等理念的学习和贯彻，培养基本的职业素养和精益求精的工匠精神。

理论知识

汽车行车电子控制单元，又称 ECU（Electronic Control Unit）、行车电脑、车载电脑。ECU 负责控制发动机的运转（ECU 通过监控进气量、喷油量、点火时间等参数，从而决定发动机的输出功率和扭矩）。当发动机在各个转速、挡位、温度等条件下运行时，ECU 中的数据库会有相应的程序对进气量、喷油量、点火时间等参数进行调整。

考虑到各个国家地区燃油品质、气候条件和环保法规等的差异，ECU 的程序参数必须满足各地区使用条件，因此原车 ECU 所设定的动力输出范围相对来说都会比较保守，这就为 ECU 改装提供了空间。

自然吸气车型通过专业的 ECU 调校可以提升 5%~15% 的功率和扭矩，这个提升范围虽然在数据上看起来不是很大，但对车子的整体输出与换挡时的顿挫感是有改善的。

涡轮增压车型通过专业的 ECU 调校可以提升 30% 或者更大的功率和扭矩。更早地让涡轮介入，可以增加涡轮压力峰值，从而使扭矩更早地发挥作用，使最大扭矩输出曲线变得更宽，油门响应更快，因此也会使汽车极限速度更高。

1. 直刷 ECU

直刷 ECU 就是通过对原厂 ECU 数据库的程序进行导出并重新编写，从而达到提升功率和扭矩的目的。根据汽车实际状况对点火提前角、喷油量、喷油时长、可燃混合气的浓度等数据进行改写和程序逻辑调校，使汽车更符合特定使用场景，有助于更加全面地发挥汽车的性能，大幅度提升动力，还能破解限速，并进行其他特别调校。缺点是对刷写技术和成本的要求较高。

2. 外挂 ECU

简单来讲，外挂 ECU 就是一个用于对汽车传感器信号进行修改优化的电脑芯片，其核心技术就是电脑里面内置的信号处理软件。简单理解就是信号的放大器。

外挂 ECU 属于电子改装产品，主要作用是连接原车 ECU，通过优化原车 ECU 进行汽车性能的激活。电子油门等设备会影响发动机气门运作和增加喷油量，长期使用有可能导致汽车故障灯亮起甚至发动机损耗，因此我们应当选择以优化为主要目的的外挂 ECU 设备。原车出厂时性能数据是比较保守的，外挂 ECU 恰好就可以做到从原车 ECU 源头激活汽车性能，加装外挂 ECU 之后的汽车发动机做功会更加积极，搭配变速箱运行更加流畅，发动机和变速箱配合更加密切，提高汽车动力输出，使油门响应更加灵敏，同时可以减弱变速箱在升降挡时产生的顿挫感，同时燃油经济性也得到了提升。

实训任务

一、实训资源准备

教学实车、教学视频、拆装套装、手电钻、螺丝刀、锤子、活动扳手、钳子、擦拭布等。

二、实训步骤

1. 课题准备

确保汽车熄火并断电,以保障安全。 准备拆卸进气歧管和进气管道的拆装工具及外挂ECU	 汽车断电准备
检查外挂ECU改装部件。 固定使用的3M胶	 检查外挂ECU改装部件

2. 电脑安装

检查原车OBD（On-Board Diagnostics,即车载自动诊断系统）接口（通常位于主驾驶方向盘下方）是否有损坏,线路是否有破损,应确保可以正常连接	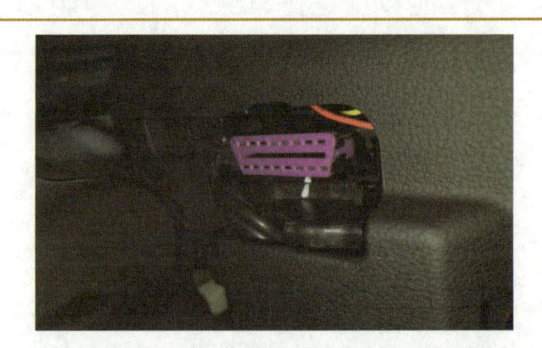 检查OBD接口
确保汽车熄火断电,连接外挂的OBD接口。 OBD接口对接上之后,外挂ECU的调试灯会发亮	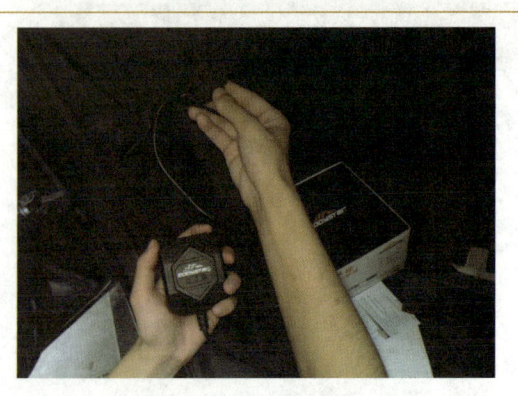 连接外挂的OBD接口

模块四　汽车动力系统改装

先把汽车调到通电，通过外挂 ECU 的按键进行程序调试，按压按键 5~10 s 即可	 程序调试
使发动机怠速 3 min（此操作是让外挂 ECU 和发动机配对）	 外挂 ECU 与发动机配对
用 3M 胶把外挂 ECU 固定在驾驶室的位置，保证行车中不会移动影响安全。 安装好之后体验一下动力部分，动力会明显提升，油门响应会更加灵敏，换挡顿挫感明显减弱	 固定外挂 ECU

3. 安装质检

检查 OBD 接口是否连接好，外挂 ECU 是否已经固定。 检查汽车动力性能，检查仪表盘上故障灯是否点亮，确保外挂 ECU 已经完全安装好	 检查汽车动力性能

评价与反馈

汽车行车电子控制单元改装课题评价表见表 4-4-1。

表 4-4-1 汽车行车电子控制单元改装课题评价表

序号	内容及要求		评分	评分标准	自评	组评	师评	得分
1	专业知识理解和应用部分	能说出 ECU 改装的作用	5	每错一处扣 1 分，扣完为止				
		能准确说出各个工具的使用方法	5					
		能使用专用工具并对工具进行保养	5					
		能准确说出如何选择合适的配件	5					
2	操作内容和要求	拆卸原车附件	15					
		准备外挂 ECU 组件并组装	15					
		外挂 ECU 的安装	15					
		外挂 ECU 组件的质检	15					
3	安全文明生产	安装过程劳保用品的使用	10					
		安装结束后 5S 整理	10					
指导教师总体评价								

指导教师_____
_____年____月____日

知识拓展

空燃比

可燃混合气中空气质量与燃料质量之比为空燃比（A/F），其中 A 表示空气的质量，F 表示燃料的质量。空燃比是发动机运转时的一个重要参数，一般用每克燃料燃烧时所消耗的空气的质量来表示，它对尾气排放、发动机的动力性和经济性都有很大的影响。

空燃比通常以过量空气系数 λ（小写希腊字母 lambda）表征，$\lambda=1$ 对应理论最佳空燃比。正确地调整空燃比可以提高发动机的效率、降低耗油量，并减少废气排放。然而，在可燃混合气过度富集的情况下，将会导致能源浪费、尾气污染增加和易损件损坏等诸多问题。在现代汽车工业中，精确控制空燃比成了极其重要的目标之一。通过使用传感器和计算机系统等技术手段进行实时监测和调整，可以使每个发动循环都能达到最优状态，从而节约资源并提高性能表现。

练一练

一、填空题（填写出下面常用工具的名称和使用方法）

1. 刷_____可以通过改写参数来达到理想的动力输出效果。

2. 涡轮发动机增压可以做到_____功率和扭矩。

3. 外挂 ECU 是对_____进行修改优化的改装电脑芯片。

二、选择题

1. ECU 负责控制哪项汽车部件的运转？（　　）

　A. 制动系统　　　　B. 空调系统　　　　C. 发动机　　　　D. 音响系统

2. ECU 中的数据库根据哪些参数对进气量、喷油量、点火时间等参数进行调整？（　　）

　A. 汽车颜色　　　　B. 车速　　　　C. 气温　　　　D. 汽油品质

3. 直刷 ECU 存在的缺点是什么？（　　）

　A. 对汽车保修无影响　　　　　　　　B. 恢复原厂 ECU 数据简单

　C. 大幅度提升燃油经济性　　　　　　D. 售后难以保证

三、判断题

1. ECU 具有自适应程序，因此不同车主的同一款车驾驶起来感受不同。（　　）

2. ECU 的程序参数必须满足各地区使用条件，因此原车 ECU 所设定的动力输出范围相对来说都会比较激进。（　　）

3. 自然进气发动机的改装可以提升 5%~15% 的功率和扭矩。（　　）

四、做一做

各个小组将自己小组的工件相互交换，每组做一份评价意见书。

学习心得

模块五

汽车电器改装

模块描述

随着汽车产业的电子化、智能化的快速发展，汽车电器改装市场也迅速发展起来。由于年青一代追求个性时尚的生活方式，汽车外表的美观就显得尤为重要。电动化产品的改装和升级是提升汽车内在舒适性及汽车高端化的标志，汽车电器改装主要集中在汽车影音升级、汽车车灯改装、汽车氛围灯改装、汽车电动尾门加装、汽车电动座椅加热等几个方面。

通过对本模块汽车车灯改装、汽车氛围灯改装、汽车电动尾门加装的基本知识的学习和正确规范地进行操作练习，学生能够胜任以上课题的实践操作。

课题 1 汽车车灯改装

课题目标

知识目标

1. 能说出市场上常见的汽车车灯改装级别；
2. 能说出常见汽车车灯改装方式及各自的优缺点；
3. 能叙述汽车车灯的基本结构和功能。

技能目标

1. 能合理进行汽车车灯改装的选择；
2. 会正确进行汽车车灯改装；
3. 会对安装后的汽车车灯进行检查及日常保养。

素养目标

1. 通过积极主动参与各项工作课题和小组的 5S 工作，领悟社会主义核心价值观中"爱岗敬业"的内涵；
2. 通过分组教学，组内协作、组间互助，模拟企业工作状态，培养职业责任感、沟通能力和团队协作能力，提升质量意识和以人为本的服务素养；
3. 通过对安全、健康、环保等理念的学习和贯彻，培养基本的职业素养和精益求精的工匠精神。

理论知识

一、汽车车灯分类

汽车车灯有多种分类方式，如按照功能分类、按照安装位置分类和按照光源类型分类等，具体如下。

1. 按照功能分类

（1）照明灯：前照灯、雾灯等，主要用于照亮道路和周围环境。

（2）信号灯：日间行车灯、转向灯、尾灯等，主要用于向其他道路使用者传达汽车的行驶意图或状态。

2. 按照安装位置分类

（1）前部灯具：包括前照灯（图 5-1-1）、雾灯、日间行车灯、转向灯等。

（2）后部灯具：包括尾灯、刹车灯、倒车灯、示宽灯等。

（3）侧部灯具：包括侧标志灯、侧转向灯等。

（4）内部灯具：包括车内照明灯、仪表盘灯、阅读灯等。

图 5-1-1 前照灯

3. 按照光源类型分类

（1）卤素灯：传统的白炽灯填充卤素气体，用于多种类型的车灯。

（2）氙气灯：使用高强度气体放电技术，提供更亮的照明。

（3）LED 灯：使用发光二极管技术，具有长寿命和高能效的特点。

（4）激光灯：最新技术，提供极远的照明距离和高亮度。

4. 对汽车灯具的要求

照明灯具与信号装置应安装可靠、完好有效，不得因汽车振动而松脱、损坏、失去作用或改变光照方向；所有灯光的开关应安装牢固、开关自如，不得因汽车振动而自行开关。开关的位置应便于驾驶员操纵。

为确保照明及信号灯系统正常工作，许多汽车不但配备了灯光开关、变光开关、雾灯开关、转向灯开关、制动灯开关、倒车灯开关，还加装了后位灯继电器、前照灯继电器、雾灯继电器。灯具开关也由分散的独立式开关发展为组合式开关。为了确保汽车前照灯和雾灯等灯具的亮度和稳定性，许多现代汽车将这些灯具的接地线直接连接到发动机或变速器等金属部件上。这种设计有助于降低电阻，确保电流顺畅流通，从而提升灯具的照明效果和可靠性。

（1）前照灯的上缘距地面高度不大于 1.2 m，外缘距车外侧不大于 0.4 m。

（2）汽车的前照灯应有远、近光变换装置，并且当远光变为近光时，所有远光应能同时熄灭。

（3）四灯制前照灯并排安装时，装于外侧的一对应为远、近光双光束灯；装于内侧的一对应为远光单光束灯。

（4）夜间远光灯亮时，应能至少照清前方 100 m 远的道路；近光灯亮时，应能照清前方 40 m 远的道路并不得眩目。

二、汽车车灯改装前期预算及准备工作

1. 汽车车灯改装级别、改装模块、成本及效果（表 5-1-1）

表 5-1-1 汽车车灯改装级别、改装模块、成本及效果

改装级别	改装模块	成本及效果
初级改装	白光卤素灯泡及大功率卤素灯泡	60~300 元，改装效果不明显
中级改装	充氙增光灯泡	300~800 元，改装效果一般
顶级改装	HID 氙气灯	2 000~10 000 元，改装效果极好

2. 汽车车灯改装方式

（1）更换大功率灯泡。

将原车 55 W（H1\H7\H4\H11\9005\9006\9012）（图 5-1-2）普通卤素灯泡直接换成 100 W 的大功率卤素灯泡，不需要改动任何线路，是一种最简单、最普遍的改装方式。其原理就是将原先功率比较小的灯泡改换成功率比较大的灯泡，但是这个改装对线路有一定影

响，不建议这样升级，目前已被淘汰。

优点：制造成本低，穿透力强，使用寿命长。

缺点：能耗高，颜色偏黄，照明亮度不足，不美观。

图 5-1-2 改大功率卤素灯泡

（2）加装增亮器。

通过一对增亮器和相应的增亮线，可以把原车 55 W 灯泡的亮度提高到 100 W 的亮度，如图 5-1-3 所示。

优点：制造成本低，穿透力强，使用寿命长。

缺点：会对整个线路产生高负荷，会使大灯内部反光碗产生烤坏、变形等问题，目前已被淘汰。

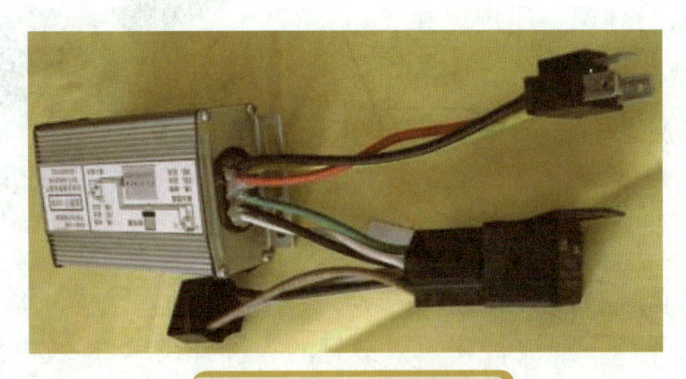

图 5-1-3 增亮器

（3）换装进口卤素灯泡。

在同样耗电、功率相同的情况下，仅更换进口卤素灯泡（图 5-1-4）就可以提高 50% 以上的亮度。但据部分车主反映，效果并没有像广告宣传的那样显著。所以对大灯改装要求不高的车主，可以根据投入预算，决定是否采取这种改装方式。另外，换了进口灯泡后，亮度确实会有小幅提升，而且可以提供超白光、超蓝光、超黄光等多种颜色选择。对于夜间视力好且无意在车灯升级方面进行高额投资的车主来说，选择改装进口卤素灯泡是一种经济高效的解决方案。

优点：费用较低，亮度提升，灯光颜色可选。

缺点：改装效果不明显。

图 5-1-4 进口卤素灯泡

(4)加装氙气灯。

氙气灯即高强度气体放电灯,主要由氙气灯泡和安定器组成。安定器又称高压包或气体放电整流器。与传统卤素灯泡不同的是,氙气灯泡没有灯丝,它的灯泡两极间的间隙为4 mm,利用正负高压刺激氙气与稀有金属发生化学反应而发光,这就是所谓的气体放电。它的发光原理是安定器将车上的 12 V 的直流电压瞬间增压为 23 000 V 的高压,高压击穿灯内的气体介质产生放电电弧并发出灿烂的高色温光芒。在高压使灯启动后,安定器再将电压转成 83 V,稳定持续供应氙气灯泡发光,保持氙气灯以恒定功率运行。加装氙气灯目前是市面上比较流行的一种车灯改装方式。

优点:美观大方,亮度高,夜间行车安全,能耗低,使用寿命比卤素灯更长。

缺点:在没有透镜的车型上使用,会有散光、焦点不准等问题,建议配合透镜使用。

(5)升级为 LED 灯。

目前 LED 灯(图 5-1-5)升级优势主要体现为安装方便、节能,绝大部分车型不需要解码,但是市场上的 LED 灯品质参差不齐,有的 LED 灯采用进口飞利浦、欧司朗灯珠,进口风扇电机,也有的采用国产灯珠、风扇电机,价格从几百到几千元都有。

优点:体积小,节能环保,寿命长,坚固耐用。

图 5-1-5 LED 灯

缺点:散热不好。

(6)升级为双光透镜氙气大灯。

双光透镜氙气大灯是当下最流行和效果最好的一种升级车灯的选择。双光透镜氙气大灯是目前大部分车系原车顶配才配置的产品,比如奔驰、宝马、奥迪、路虎、保时捷等品牌。这种照明系统比传统的反光碗照明灯具有更好的效果,比如照射距离远、照射宽度宽、点光源大、灯光亮度高等,灯泡通过透镜的反射后更有穿透力,而且明暗界限整齐分明,有效减少了对对向行驶的汽车的眩光影响。

优点:双光透镜氙气大灯如图 5-1-6 所示,搭配专门为其设计的套透镜和反射镜,改装效果明显。

缺点:改装的费用相对较高,一般都是 1 000 元以上。但由于质量参差不齐,质量差的氙气灯和双光透镜氙气大灯很可能起不到强光效果,因此建议选择如欧司朗、贝雷帽、海拉、飞利浦、克雷亚、傲途等知名品牌汽车主机厂的产品套装。

图 5-1-6 双光透镜氙气大灯

（7）低配升高配大灯总成。

目前市面上有两类大灯总成产品。一类就是国产大灯总成，具有时尚的外观效果，价格适中。但由于产品是国内一些小工厂生产，个别工厂生产的大灯总成后期会出现老化、龟裂、发黄等情况。另外一类就是原厂大灯总成，跟原车顶配大灯具有一样的外观和功能。由于原车低配升高配需要通过编程来实现，建议选择正规机构来升级。

优点：原厂大灯总成基本无损安装，氙气灯泡搭配专门为其设计的套透镜和反光镜，改装效果明显，氙气灯泡改装前后对比如图 5-1-7 所示。

缺点：直接换原厂大灯总成的缺点就是价格昂贵。

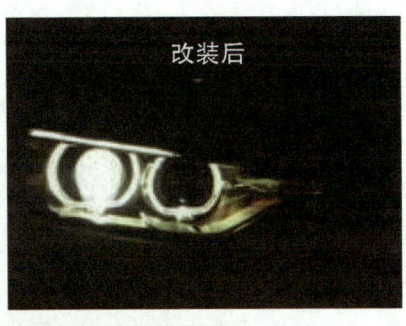

图 5-1-7　氙气灯泡改装前后对比

实训任务

一、实训资源准备

教学实车、教学视频、手电钻、螺丝刀、锤子、活动扳手、钳子、汽车车灯组件、擦拭布等。

二、实训步骤

1. 氙气灯安装

待发动机完全冷却后，切断灯组电源，打开汽车发动机盖

切断灯组电源

将前大灯灯具接头、防水橡胶罩及旧灯泡取下	 拆卸大灯总成和部件
仔细检查氙气灯部件，将氙气灯泡安装在前大灯灯座上并固定好，防止氙气灯泡灯座变形	 安装氙气灯泡
将安定器固定在适当的位置	 安装安定器
将安定器与汽车前大灯供电端连接并将安定器输出端与车灯的连接器接好	 与车灯连接器连接

模块五　汽车电器改装

检查所有安装步骤，确认正负极正确无误后发动汽车，接通电源使灯点亮，检查光源所射出光束的高度、距离及光形，并做调整，使之符合当地交通法规	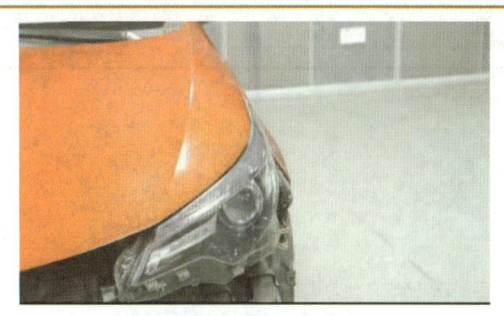 检查并调整车灯

2. 尾灯改装

打开后备箱盖，切断汽车电源，清理后备箱，留出能够进行更换的空间	 切断汽车电源
拆下车灯背部的防尘板。大多数车灯分为两种形式：灯泡与灯座一体式和灯泡与灯座分开式，这里介绍前者，后者见下面前大灯的更换	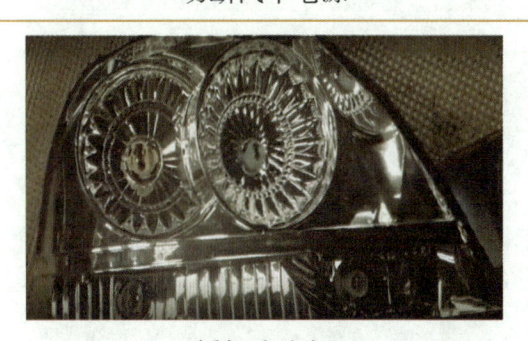 拆卸防尘板
确定需要更换的灯泡，按住车灯后部的旋转手柄，将其拧下。 更换上新的灯泡，注意灯泡的型号及颜色	 更换新灯泡
安装防尘板。一般来说，尾灯的拆装工作相对容易，一则工作空间较大，便于操作；二则尾灯的结构相对简单，易于理解和拆卸	 安装防尘板

103

3. 大灯改装

拆卸散热器支架上盖板螺栓及卡扣	 拆卸散热器支架上盖板螺栓及卡扣
拆卸前大灯紧固螺栓	 拆卸前大灯紧固螺栓
拉出大灯，拆卸灯线插座	 拉出大灯
在规定位置存放拆卸完成的大灯，防止大灯碰撞，并清洁大灯周围	 清洁大灯周围

准备大灯改装件，确保尺寸、位置匹配	准备大灯改装件
安装大灯，并将扭矩调整到规定的扭矩大小	安装大灯

评价与反馈

汽车车灯改装升级课题评价表见表 5-1-2。

表 5-1-2 汽车车灯改装升级课题评价表

序号	内容及要求		评分	评分标准	自评	组评	师评	得分
1	专业知识理解和应用部分	能说出原厂车灯的类型和位置	5	每错一处扣1分，扣完为止				
		能准确说出各个工具的使用方法	5					
		能使用专用工具并对工具进行保养	5					
		能准确说出不同车灯的区别	5					
2	操作内容和要求	拆卸原厂汽车大灯	18					
		准备升级汽车大灯并组装	18					
		升级车灯的安装	18					
		升级车灯的校正	18					

续表

序号	内容及要求		评分	评分标准	自评	组评	师评	得分
3	安全文明生产	安装过程劳保用品的使用	4	每错一处扣1分，扣完为止				
		安装后的检查	4					

指导教师总体评价

指导教师_____
_____年___月___日

知识拓展

大灯灯泡类型与更换指南

根据发光原理的不同，大灯灯泡可以分为真空灯、卤素灯和氙气灯等几种类型。真空灯和卤素灯价格便宜，使用普遍，不过寿命较短，一般为几百个小时。氙气灯使用寿命可以达到2 500~3 000 h，而且照明效果更好，但是价格较高。

与定期保养时需要更换机油机滤一样，大灯灯泡也需要定期更换。一般来说每行驶5万km或者2年左右，大灯灯泡的亮度就会减弱，此时最好到4S店进行一下检测，如果确实有亮度不足的情况，那么建议更换大灯灯泡，推荐左右两边同时更换，以免出现两侧亮度不同的情况。

灯光亮度减弱还有一种情况，那就是由于环境的影响导致灯罩老化，同样会让大灯亮度减少至少50%。灯罩老化还会使灯光模糊，使人产生眩晕，因此，灯罩老化也要及时更换。

练一练

一、选择题

1. 目前市面上常见的汽车车灯类型，不包括下列哪种？（　　）
   A. 卤素灯　　　　　　B. LED灯　　　　　　C. 氙气灯　　　　　　D. 白炽灯

2. 汽车大灯灯泡一般多久需要更换？（　　）
   A. 每行驶5万km或者2年左右　　　　　　B. 每行驶4万km或者2年左右
   C. 每行驶10万km或者5年左右　　　　　　D. 不用更换，直至损坏为止

3. 根据发光原理的不同，大灯灯泡的分类中，不包含（　　）。
   A. 真空灯　　　　　　B. 卤素灯　　　　　　C. 氙气灯　　　　　　D. 钨丝灯

4. 当我们晚间在缺乏照明的道路上驾驶时，为保证行车安全，我们可以酌情开启远光

灯——在行车方向前方约（　　）m的范围内，如果没有对向或同向的汽车时我们可以开启远光灯。

A. 100　　　　　B. 200　　　　　C. 50　　　　　D. 150

二、判断题

1. 改装前可以根据车主喜欢什么类型的车灯、打算投入多少资金、什么车型、车主对车灯和外观的要求，适当地进行个性化设计，不用经过车主同意。（　　）

2. 请勿在阴雨天进行车灯改装，应该在干燥的室内进行改装。（　　）

3. 主流的升级方式也是提升车灯效果比较明显的方式，就是升级双光透镜为氙气大灯。（　　）

4. 升级原厂大灯总成的好处是不破坏原车灯，也不担心年检，安装也比较方便。缺点是成本较高，渠道也比较少，性价比不高。（　　）

5. 卤素灯升级，一般是利用分体式镀膜技术和金属螺旋灯丝等技术来提高车灯的寿命和亮度。此种方法的优点是安装方便，原车替换，成本低，照射亮度和宽度也会有一些提升；缺点是此种方法的提升效果有限。（　　）

三、论述题

有人说，汽车车灯的改装属于违法行为，你赞同吗？说说你的理由，在改装过程中，应注意哪些问题？

四、做一做

各个小组将自己小组的车灯升级完的图片相互交换，每组做一份评价意见书。

学习心得

课题 2　汽车氛围灯改装

课题目标

知识目标

1. 能说出什么是汽车氛围灯；
2. 汽车氛围灯的作用和功能；
3. 能说出目前市场上常见的汽车氛围灯的种类和性能。

技能目标

1. 能合理进行汽车氛围灯的选配；
2. 会正确进行汽车氛围灯的施工；
3. 会对安装后的汽车氛围灯位置进行检查并进行安全确认。

素养目标

1. 通过积极主动参与各项工作课题和小组的 5S 工作，培养团队意识以及与他人有效沟通的能力；
2. 通过对质量的自检他检，培养诚实守信和精益求精的工匠精神；
3. 在一体化课程中，小组协同工作，模拟企业工作状态，培养职业责任感、沟通能力和团队协作能力，提升质量意识和以人为本的服务素养。

理论知识

1. 汽车氛围灯的定义及作用

汽车氛围灯又称为 LED 氛围灯，是 LED 灯的一种。汽车氛围灯是一种营造气氛使用的装饰灯，在汽车中控台、汽车的内饰门板上以及脚部位置都有安装。汽车氛围灯有单色和多色之分，多色氛围灯可以通过控制器来调节。汽车氛围灯可以起到装饰照明的作用，通常是以红色、蓝色、绿色、橙色为主，来装饰晚间车厢内的氛围。正常情况下，汽车氛围灯的灯光颜色不会影响到汽车的正常行驶，也不会影响到汽车驾驶人的安全驾驶。如果是后期改装，也要选择柔和、不刺眼的光源作为装饰。

车内氛围灯通常可以安装在汽车的方向盘、中控台、脚灯、杯架、车顶、迎宾灯、迎宾踏板、车门、后备箱、车灯等位置。灯光营造出来的效果会给人一种家的温馨感和舒适感，同时也会给人一种科技感和奢华的美感。

汽车氛围灯模拟家庭灯光，让汽车从真正意义上成为第二个起居室；汽车氛围灯对于内饰起到了衬托的作用，好的汽车氛围灯让内饰看起来更加立体化。

2. 汽车氛围灯的安装接线

安装汽车氛围灯时，从保险丝盒中接线更安全。保险丝的作用是在电流过大或发生短路时自动断开，以保护汽车的电路系统。这个保险丝必须是连接小灯的保险丝，保险丝的额定电流可以改为 5 A 以上。

3. 汽车氛围灯的优点

（1）汽车氛围灯的优点就是光线比较柔软自然，亮度适中，在黑暗的车厢里面也能够提供适宜的照明，有助于减轻驾驶员的疲劳感，放松心情，让车内生活更有仪式感。此外，汽车氛围灯的不同展现形式可以提升汽车品牌的辨识度，彰显汽车的差异性。如果经常在晚上开车，也可以通过汽车氛围灯来缓解困倦。

（2）安装汽车氛围灯可以提升整个汽车内饰的视觉效果，增强汽车的豪华感和运动感。

（3）现代汽车氛围灯往往具备智能化功能，如亮度可调节、颜色可变换等，这些特性不仅可以提高汽车的科技感，也可使车辆更加现代化。

4. 汽车氛围灯的缺点

（1）影响驾乘安全。如果车内氛围灯亮度过高或闪烁过于频繁，可能会干扰驾驶员的视线和注意力，从而影响夜间行车安全。

（2）在一定程度上额外增加了电量消耗，影响了汽车电池寿命。

（3）在一些情况下，如果汽车氛围灯的功率过大或安装不当，有可能会增加烧断保险丝的风险。

（4）虽然汽车氛围灯可能被视为一种奢侈配置，但它为汽车提供了个性化选择，提升了舒适度。然而，对于部分消费者而言，这种配置的实用性可能并不高，且可能增加购车成本。

5. 汽车氛围灯的开关及调节方式

汽车氛围灯关闭的方法是：在方向盘底部左侧找到控制灯光的旋钮，将该旋钮逆时针转动回原处即可关闭。

开启方法是：将该旋钮按压 1~2 mm，顺时针转动直至尽头即可。

汽车氛围灯是一种起到装饰作用的照明灯，通常有红色、蓝色、绿色，主要为了使车厢在夜晚时更加绚丽。其调节方法是：①打开屏幕开关，按下左下角的 CAR 键，点击设置；②进入设置界面后,选择环境照明选项;③点击手动选项,拖动选择条选择颜色,调节亮度即可。

实训任务

一、实训资源准备

教学实车、教学视频、施工手套、活动扳手、套筒扳手、液压卧式千斤顶、氛围灯若干、万用表、擦拭布等。

二、实训步骤

1. 汽车清洁

清洁汽车	 清洁汽车

2. 汽车氛围灯安装

拆开原车饰板,为汽车氛围灯的安装预留合适的空间	 拆开原车饰板
从格栅进风口处勾线,将灯光系统的线路穿入并布置至所需位置	 从格栅进风口处勾线

找到主机控制器	 找到主机控制器
将接入的线束做绝缘处理，放置于汽车原位灯罩里，还可以贴在汽车防擦条的位置	 汽车原位灯罩
调节灯光，微调氛围灯的基本位置	 调节灯光

3. 安装质检

进行灯光调试，同时检查模式切换是否顺畅，并确认安装后是否有任何故障	 质量检查

评价与反馈

汽车氛围灯改装课题评价表见表5-2-1。

表 5-2-1 汽车氛围灯改装课题评价表

序号	内容及要求		评分	评分标准	自评	组评	师评	得分
1	专业知识理解和应用部分	能说出原厂车内灯的名称	5	每错一处扣1分，扣完为止				
		能准确说出各个工具的使用方法	5					
		能使用专用工具并对工具进行保养	5					
		能准确说出汽车氛围灯的特点	5					
2	操作内容和要求	清洁和检查原车	18					
		准备汽车氛围灯并且拆卸相关门板饰件	18					
		汽车氛围灯的安装	18					
		汽车氛围灯的校正	18					
3	安全文明生产	安装过程劳保用品的使用	4					
		安装后的检查	4					
指导教师总体评价								

指导教师_____
_____年____月____日

知识拓展

使用汽车氛围灯的注意事项

在使用汽车氛围灯时，灯光一定要可调。如果汽车氛围灯太亮了，对我们开车反而有害，因为汽车氛围灯太亮容易让我们在对外部环境做判断的时候出现失误，如果出现突发事件我们也不能在短时间内做出反应，后果很严重，所以在使用时应加以注意。

图5-2-1为本田改装汽车氛围灯效果图。

图 5-2-1 本田改装汽车氛围灯效果

练一练

一、填空题

1. 汽车氛围灯顾名思义就是营造气氛的一种_____。
2. 汽车氛围灯又叫作LED氛围灯,可以起到_____的作用。

二、判断题

1. 汽车氛围灯能够提高夜间行车的安全性。（　　）
2. 汽车氛围灯虽然方便了车内乘客,但是对汽车本身并没有好处,在外接用电量过大的情况下,有可能将保险丝烧断。（　　）
3. 用汽车氛围灯模拟家庭灯光,让汽车从真正意义上成为第二个起居室。（　　）

三、论述题

汽车氛围灯有哪些类型及功能?

四、做一做

各个小组将自己小组改装完的图片相互交换,每组做一份评价意见书。

学习心得

课题 3　汽车电动尾门加装

课题目标

知识目标

1. 能叙述汽车电动尾门的定义；
2. 能叙述汽车电动尾门的功能、作用；
3. 能说出市场上常见的汽车电动尾门的前景和性能。

技能目标

1. 能合理地进行汽车电动尾门的选配；
2. 会正确地进行汽车电动尾门的安装；
3. 会对汽车电动尾门安装后的尺寸、位置进行检查并进行安全确认。

素养目标

1. 在一体化课程中，小组协同工作，模拟企业工作状态，培养职业责任感、沟通能力和团队协作能力，提升质量意识和以人为本的服务素养；
2. 小组轮换练习，对质量进行自检和他检，培养精益求精的工匠精神；
3. 养成精益求精的工作态度，提升关注顾客需求的服务意识。

理论知识

随着汽车原装导航系统的普及，同时为了减少手动开启和关闭尾门的劳动强度，目前市场对汽车电动尾门的需求正在逐渐增加。汽车电动尾门通常配备有智能防夹功能，可以在遇到阻力时自动停止，可以增加使用的安全性。此外，一些汽车电动尾门还支持多种开启方式，如遥控钥匙、车内按钮、尾门上的按钮等，提供了更多的使用灵活性。

一、汽车电动尾门的类型

因为轿车和 SUV 的后备箱盖重量是不同的，所以产生了两种汽车电动尾门：SUV 双杆尾门和轿车单杆尾门。

而一个质量好的汽车电动尾门所配备的驾驶位按钮、控制器、尾门按钮、双驱动撑杆等核心部件（图 5-3-1）都会有质量保证。这些核心部件一般要由有研发实力的汽车主机厂生产，以保证整个产品各个部件的材质、生产工艺和品质控制等方面都符合整车的安装要求。所以在选择改装汽车电动尾门的时候切勿贪图小便宜，要找信得过的车行或者相熟的师傅进行改装。

图 5-3-1　汽车电动尾门套件

汽车电动尾门是一套全新的汽车改装智能系统，驾驶者可以通过原车钥匙、尾门按钮和驾驶位按钮来控制汽车后备箱的开启和关闭。通俗点说，就是按一下对应的按钮，汽车电动尾门就开启了，不需要自己费力气去抬起。

二、汽车电动尾门的功能

（1）智能防夹功能。智能防夹功能确保在汽车电动尾门关闭过程中，如果遇到阻力，如人的手或头部，尾门将自动停止关闭，以防止夹伤。

（2）高度记忆功能。高度记忆功能允许车主设定尾门开启的高度。在尾门开启到预设高度时按下按钮，尾门将记住这一高度，下次开启时自动停止在这个高度，不再继续移动。

（3）智能电吸功能。智能电吸功能确保尾门在关闭时能够自动吸附并锁紧，车主不需要担心尾门是否完全关闭或锁紧。

（4）低噪声功能。汽车电动尾门在关闭过程中采用低噪声设计，与传统尾门相比，减少了关闭时产生的响声，避免了触发汽车报警系统。

实训任务

一、实训资源准备

教学实车、教学视频、手电钻、螺丝刀、锤子、活动扳手、钳子、汽车电动尾门套件、撬板、擦拭布等。

二、实训步骤

1. 拆除原车尾门附件

首先打开后备箱盖，把固定后尾门挡板的四颗固定螺栓取下	 取下固定螺栓
用撬板把后备箱的U形挡板取下（注意把左上角的小灯线先拔出）	 取下后备箱U形挡板
把原车的左右撑杆取下，分别装上支架和撑杆，并把线材和线材胶塞装好	 装上支架和撑杆

2. 汽车电动尾门布线

把电源线、CAN线从车顶走线至车头左侧保险盒和原车CD位置，再把汽车电动尾门锁线引线至车后方	 把汽车电动尾门锁线引线至车后方
取下固定螺丝，并把红色方框内的压板取下	 取下固定螺丝

把原车锁头取下并安装好电动门锁锁头	 安装好电动门锁锁头
把电动门锁总成固定至车后方内侧，并把电动门锁线对插好。 把原车的电芯锁插头取下，并用新产品的电芯锁检测线对插好	 固定电动门锁总成
把后尾门挡板右下方的小卡板取下并装上新的尾门按键，再插好按键线	 装上新的尾门按键

3. 汽车电动尾门线束取电安装

把所有的尾线与新的控制器相对应插好并固定好控制器，把地线接到红色圆圈内的螺丝上	 安装地线
把方向盘底下的挡板取下，注意先取下红色圆圈标注的螺丝	 取下挡板下的螺丝

汽车改装技术基础与应用

把方向盘底下控制器上的 32P 座子取出	 取出控制器上的 32P 座子
把控制器上 32P 座子线上的绒布撕开一点，用 CAN H 线（绿色线）和 CAN L 线（绿黑线）分别夹到座子上的橙绿色线和橙棕色线上	 连接好 CAN H 线和 CAN L 线
把原车保险丝拆下并插装到新的电源线的保险座上，再将保险座插回原车保险盒原位置	 安装回保险丝

评价与反馈

汽车电动尾门加装课题评价表见表 5-3-1。

表 5-3-1 汽车电动尾门加装课题评价表

序号	内容及要求		评分	评分标准	自评	组评	师评	得分
1	专业知识理解和应用部分	能说出原车后备箱开关的位置	5	每错一处扣 1 分，扣完为止				
		能准确说出各个工具的使用方法	5					
		能使用专用工具并对工具进行保养	5					
		能准确说出汽车电动尾门的优点	5					

续表

序号	内容及要求		评分	评分标准	自评	组评	师评	得分
2	操作内容和要求	拆卸原车后备箱饰板	18	每错一处扣1分，扣完为止				
		准备改装汽车电动尾门并组装	18					
		汽车电动尾门线束的安装	18					
		汽车电动尾门的校正	18					
3	安全文明生产	安装过程劳保用品的使用	4					
		安装后的检查	4					

指导教师总体评价

指导教师_____
_____年___月___日

知识拓展

汽车电动尾门市场：需求、品牌与价格分析

汽车电动尾门改装完成后的效果如图5-3-2和图5-3-3所示。

图5-3-2 汽车电动尾门后方正视图

图5-3-3 汽车电动尾门电动门锁

目前，汽车电动尾门的改装升级主要针对豪华轿车、中型及以上SUV和MPV车型。车主们也更注重汽车的舒适性和便利性，因此对汽车电动尾门的需求较大。在前装市场，知名的汽车电动尾门品牌包括博泽、海拉、伟创力、斯泰必鲁斯和麦格纳等；而在后装市场，知名的品牌有天鉴、畅翼、御品和路畅等。

在价格方面，国内生产的汽车电动尾门改装材料价格一般在500~1 000元，而后装市场上原装进口的产品价格则在3 000元以下。这一价格区间为不同预算的消费者提供了广泛的选择。

练一练

一、选择题

1. 以下不属于汽车电动尾门的组成部分的是（　　）。

　A. 双驱动撑杆　　　　　　　　　　B. 控制器

　C. 执行机构的驱动电机　　　　　　D. 电吸及按钮

2. 关汽车电动尾门，控制器不工作可能的原因有（　　）。

　A. 取电器取电位置不对或没插好

　B. 保险丝烧坏（取电器上的保险丝和控制器上的保险丝）

　C. 地线位置没接好造成回路不良

　D. 门锁检测线（白色）没接好或没接对

　E. 控制器损坏

3. 汽车电动尾门关不到位和关不平，可能的原因有（　　）。

　A. 支架左右装反或支架固定螺丝没换成平KM（PM）头丝

　B. 尾门的防水胶条、内饰板没装好、撑杆连接线没装好、拉锁部件没装好、没降低尾门上的胶块

　C. 每一辆车的原车尾门缝隙和高低平整度都不一样，要看清楚了再安装，否则安装汽车电动尾门后也可能是不平的

　D. 锁不上二级锁，应先把原车锁锁上，再把锁钩上的缓冲胶块割平（让锁钩上的半圆位置变成圆即可）

4. 电吸不工作，可能的原因有（　　）。

　A. 产品的门锁检测线（白色）没接好

　B. 电吸盒连接线没连接好

　C. 原车保险丝坏了（原车锁头锁检测线没提供状态给控制器，导致电吸盒不工作）

　D. 拉线被卡死或折弯角度太小（折弯角度不能小于60°）导致拉线不能运动

　E. 拉线断、电吸盒坏了、控制器坏了

　F. 尾门开关检测线没接好（接地了）

5. 汽车电动尾门打不开，可能的原因有（　　）。

　A. 车子没解锁（大部分车子要先用遥控器解锁后尾门方能打开，原车也是如此）

　B. 锁头检测线（灰色）或锁头驱动线（黄色）没接好

　C. 原车保险丝坏了（原车锁头检测线没提供状态给控制器，导致尾门打不开）

　D. 控制器坏了

6. 汽车电动尾门具备的功能，下列描述不正确的是（　　）。

　A. 有些汽车电动尾门在运行时会实时检测，一旦碰到障碍物会立即停止运动

B. 汽车电动尾门在开启和关闭时不会发出声音提醒，即使在汽车行驶过程中，尾门若因故障而开启，也可以通过钥匙将其关闭

C. 汽车电动尾门带有电吸装置，在关门的最后一瞬间，能自动将尾门吸合锁紧

D. 汽车电动尾门可以随意加装，不会对原车电脑、电路造成影响

二、判断题

1. 尾门的高度记忆位置不在控制器的记忆范围，尾门在最高位的1/2以下位置无记忆功能。（　　）
2. 目前一般改装的车型有豪华轿车、中型以上SUV和MPV车型。（　　）
3. 汽车电动尾门的两种类型分别是：SUV双杆尾门和轿车单杆尾门。（　　）
4. 加装汽车电动尾门时，取电可以不用经过中控柱保险盒，因为所需的电流不会太大。（　　）

三、论述题

汽车电动尾门是一套全新的汽车改装智能系统，作为一名改装技术人员，如何向客户推销汽车电动尾门的加装？

四、做一做

各个小组将自己小组改装完的图片相互交换，每组做一份评价意见书。

学习心得

参考文献

［1］杨松有，顾惠烽，等. 汽车改装技能速成［M］. 北京：化学工业出版社，2020.

［2］周林福. 汽车底盘构造与维修［M］. 北京：人民交通出版社，2005.

［3］李贤林. 汽车钣金工艺［M］. 北京：高等教育出版社，2018.

［4］赵志群. 职业教育工学结合一体化课程开发指南［M］. 北京：清华大学出版社，2009.